Skript zu
"Investition & Finanzierung"

Univ.–Prof. Dr. Dr. Andreas Löffler

letzte Aktualisierung vom 17. Februar 2025

Weitere Informationen zur Veranstaltung finden Sie in Blackboard.

Bibliografische Information der Deutschen Nationalbibliothek: Die Deutsche Nationalbibliothek verzeichnet diese Publikation in der Deutschen Nationalbibliografie; detaillierte bibliografische Daten sind im Internet über dnb.dnb.de abrufbar.

© 2025 Andreas Löffler

Verlag: BoD · Books on Demand GmbH, In de Tarpen 42, 22848 Norderstedt, bod@bod.de

Druck: Libri Plureos GmbH, Friedensallee 273, 22763 Hamburg

ISBN: 978-3-7583-1365-3

INHALTSVERZEICHNIS

Verzeichnis der Definitionen und Sätze im Skript

1 FINANZMATHEMATIK

Lernziel: Sie lernen wichtige Gleichungen kennen, die die Entwicklung von Kontoständen beschreiben.

SYMBOLVERZEICHNIS

T	Laufzeit in Jahren
t	Zeitpunkt mit $t = 0, 1, 2, \ldots, T$
i	(sicherer) Zinssatz p. a.
q	Zinsfaktor, $q := 1 + i$
Z_t	Zinszahlung im Zeitpunkt t
K_t	Kapitalbestand / Kontostand im Zeitpunkt t
K_T	Endkapital
K_0	Anfangskapital
r_t	Nachschüssige Rente im Zeitpunkt t
R_t	Endwert einer nachschüssigen Rente im Zeitpunkt t
R_T	Endwert einer nachschüssigen Rente
R_0	Barwert einer nachschüssigen Rente
T_t	Tilgung im Zeitpunkt t
A_t	Annuität im Zeitpunkt t

1.1 EINLEITUNG

Wer sich mit Investitionsrechnung auseinander setzen will, muss die Grundbegriffe und Zusammenhänge der Finanzmathematik beherrschen. Hierbei geht es um die Frage, wie sich ein Kontostand entwickelt, wenn dort gleichmäßige oder einmalige Ein- bzw. Auszahlungen erfolgen.

1.2 ZINSESZINSRECHNUNG

Zinsansprüche, die während der Laufzeit des Kapitalüberlassungsvertrages entstehen, werden dem zinstragenden Kapital am Ende jeder Zinsperiode zugeschlagen. Eine Zinsperiode entspricht im Folgenden einem Jahr.[1]

Beispiel 1.1: Im Zeitpunkt $t = 0$ legen Sie 1.000 € zu 10 % p. a. an. Auf welchen Betrag ist Ihr Kapital nach drei Jahren angewachsen?[2] ∎

---

1. Unterjährliche und stetige Verzinsung betrachten wir nicht.
2. In allen folgenden Beispielen wurden die Berechnungen mit Excel vorgenommen. Die ermittelten Zahlenwerte (also auch die Zwischenergebnisse) wurden kaufmännisch gerundet. Rechnen Sie dagegen mit einem Taschenrechner, so kann es passieren, dass in einzelnen Fällen die Endergebnisse geringfügige Abweichungen aufweisen. Wenn Sie Fragen zur Genauigkeit der Klausuraufgaben haben, so lesen Sie den Vorlesungsplan und die dort aufgeführten Fragen zur Klausur.

t	Z_t	K_t	Entwicklung der Zinseszinsformel
0	0	1.000	K_0
1	100	1.100	$K_1 = K_0 + K_0 \cdot i = K_0 \cdot (1+i)$
2	110	1.210	$K_2 = K_1 + K_1 \cdot i = K_1 \cdot (1+i) = K_0 \cdot (1+i)^2$
3	121	1.331	$K_3 = K_2 + K_2 \cdot i = K_2 \cdot (1+i) = K_0 \cdot (1+i)^3$
$\vdots$			$\vdots$
n			$K_T = K_0 \cdot (1+i)^T$

ZINSFAKTOR   Den Ausdruck „$1+i$ " bezeichnet man auch als Zinsfaktor q.

DIE VIER FRAGESTELLUNGEN DER ZINSRECHNUNG   Die Formel für das Endkapital lässt sich nach dem Anfangskapital, der Laufzeit und dem Zinssatz auflösen.

Endkapital	Anfangskapital	Laufzeit	Zinssatz
$K_T = K_0 \cdot (1+i)^T$	$K_0 = \frac{K_T}{(1+i)^T} = K_T \cdot (1+i)^{-T}$	$T = \frac{\ln\left(\frac{K_T}{K_0}\right)}{\ln(1+i)}$	$i = \sqrt[T]{\frac{K_T}{K_0}} - 1$

AUF– UND ABZINSUNGSFAKTOREN   Die folgende Tabelle zeigt ausgewählte Auf– und Abzinsungsfaktoren. Abzinsungsfaktoren (Diskontierungsfaktoren) kann man als den heute zu zahlenden Preis für 1 € in t Jahren interpretieren. Aufzinsungsfaktoren stellen den zukünftigen Wert eines heutigen 1 € dar.

	Aufzinsungsfaktor: $(1+i)^T$			Abzinsungsfaktor: $(1+i)^{-T}$		
T	$i = 5\%$	$i = 10\%$	$i = 15\%$	$i = 5\%$	$i = 10\%$	$i = 15\%$
1	1,0500	1,1000	1,1500	0,9524	0,9091	0,8696
2	1,1025	1,2100	1,3225	0,9070	0,8264	0,7561
5	1,2763	1,6105	2,0114	0,7835	0,6209	0,4972
10	1,6289	2,5937	4,0456	0,6139	0,3855	0,2472

1.3 RENTENRECHNUNG

Renten sind regelmäßig wiederkehrende Zahlungen, z. B. Mieten, Gehalt, Versicherungsprämien, Umsätze usw. Im Folgenden betrachten wir nur nachschüssige, jährliche Renten, d. h. alle Zahlungen erfolgen ausschließlich am Jahresende.[3]

VERÄNDERLICHE RENTEN

3.   Unterjährliche Renten werden vernachlässigt.

ENDWERT   Zahlt man alle Rentenzahlungen auf ein festverzinsliches Konto ein, sammelt sich bis zum Zeitpunkt der letzten Rentenzahlung ein Betrag an, den man als Rentenendwert bezeichnet.

Beispiel 1.2: Sie planen, jeweils am Ende der folgenden drei Jahre 1.000 €, 1.200 € und 1.300 € auf ein Konto einzuzahlen, das mit 10 % p. a. verzinst wird. Über welchen Betrag können Sie am Ende des dritten Jahres verfügen?   ■

t	Z_t	r_t	R_t	Entwicklung der (nachschüssigen) Rentenendwertformel
1	0	1.000	1.000	$R_1 = r_1$
2	100	1.200	2.300	$R_2 = R_1 + R_1 \cdot i + r_2 = r_1 \cdot (1+i) + r_2$
3	230	1.300	3.830	$R_3 = R_2 + R_2 \cdot i + r_3 = r_1 \cdot (1+i)^2 + r_2 \cdot (1+i) + r_3$
$\vdots$		$\vdots$		$\vdots$
n				$R_T = r_1 \cdot (1+i)^{T-1} + r_2 \cdot (1+i)^{T-2} + \cdots + r_{T-1} \cdot (1+i) + r_T$

Verwenden wir den Summenoperator und erinnern wir uns an die Definition des Zinsfaktors, können wir die Rentenendwertformel einer nachschüssigen Rente eleganter schreiben als

$$R_T = \sum_{t=1}^{T} r_t \cdot (1+i)^{T-t}.$$

BARWERT   Der Rentenbarwert ist der auf den Zeitpunkt $t = 0$ abgezinste Rentenendwert.

$$R_0 = \sum_{t=1}^{T} r_t \cdot (1+i)^{-t}$$

Der Rentenbarwert kann als der Betrag interpretiert werden, den man auf ein Konto einzahlen muss, um in den folgenden Jahren bestimmte Beträge entnehmen zu können. Dabei muss die Auszahlung der letzten Rente auf einen Kontostand von null führen.

Beispiel 1.3: Welchen Betrag müssen Sie heute auf ein Konto einzahlen, wenn das Konto mit 10 % p. a. verzinst wird und Sie jeweils am Ende der nächsten drei Jahre 1.000 €, 1.200 € und 1.300 € abheben wollen?   ■

$$R_0 = \frac{1.000}{(1+0{,}10)^1} + \frac{1.200}{(1+0{,}10)^2} + \frac{1.300}{(1+0{,}10)^3} = 2.877{,}54$$

ENDWERT   Für $r_1 = r_2 = \cdots = r_T = r$ lassen sich die Rentenformeln vereinfachen.

$$R_T = r \cdot \sum_{t=1}^{T} q^{T-t}$$

$$q \cdot R_T = r \cdot \sum_{t=1}^{T} q^{T-t+1} = r \cdot \sum_{t=0}^{T-1} q^{T-t}$$

Subtrahiert man die erste Gleichung von der zweiten, erhält man

$$R_T \cdot \underbrace{(q-1)}_{=i} = r \cdot \left(\sum_{t=0}^{T-1} q^{T-t} - \sum_{t=1}^{T} q^{T-t} \right) = r \cdot \left(q^{T-0} - q^{T-T} \right)$$

Einfache Umformung liefert

$$R_T = r \cdot \frac{(1+i)^T - 1}{i} \ .$$

Beispiel 1.4: Für regelmäßige Einzahlungen nach einem Sparplan zahlt Ihnen Ihre Bank einen Zins von 10 % p. a. Wie hoch ist Ihr Vermögen am Ende des dritten Jahres, wenn Sie jährlich 1.000 € nachschüssig einzahlen?

$$R_3 = 1000 \cdot \frac{(1+0{,}10)^3 - 1}{0{,}10} = 3.310$$

∎

BARWERT   Wendet man wieder die Zinseszinsrechnung an, erhält man

$$R_0 = r \cdot \frac{(1+i)^T - 1}{(1+i)^T \cdot i} \ .$$

Beispiel 1.5: Welchen Betrag müssen Sie heute auf ein Konto einzahlen, wenn das Konto mit 10 % p. a. verzinst wird und Sie jeweils am Ende der nächsten drei Jahre 1.000 € abheben wollen?

$$R_0 = 1000 \cdot \frac{(1+0{,}10)^3 - 1}{(1+0{,}10)^3 \cdot 0{,}10} = 2.486{,}85$$

∎

DIE ACHT FRAGESTELLUNGEN DER RENTENRECHNUNG   Die Barwert– und die Endwertformel einer gleichbleibenden Rente lassen sich nach der Rentenhöhe und der
Laufzeit auflösen.

Rentenbarwertrechnung	Rentenendwertrechnung
$R_0 = r \cdot \dfrac{(1+i)^T - 1}{(1+i)^T \cdot i}$	$R_T = r \cdot \dfrac{(1+i)^T - 1}{i}$
$r = R_0 \cdot \dfrac{(1+i)^T \cdot i}{(1+i)^T - 1}$	$r = R_T \cdot \dfrac{i}{(1+i)^T - 1}$
$T = \dfrac{\ln\left(\frac{r}{r - i \cdot R_0}\right)}{\ln q}$	$T = \dfrac{\ln\left(\frac{r + i \cdot R_T}{r}\right)}{\ln(1+i)}$
$i = \ldots$	$i = \ldots$

Für die Zinssätze können bei gegebener Rente, gegebener Laufzeit sowie gegebe-
nem Rentenbarwert (Rentenendwert) in der Regel keine geschlossenen Berechnungs-
formeln angegeben werden. Ihre Ermittlung muss daher mit einem numerischen Näherungsverfahren erfolgen. Falls Sie mit EXCEL arbeiten, können Sie die Funktion
ZIELWERTSUCHE nutzen.[4]

RENTENBARWERT– UND ANNUITÄTENFAKTOR   Die folgende Tabelle zeigt ausgewählte Rentenbarwert– und Annuitätenfaktoren.

	Rentenbarwertfaktor: $\dfrac{(1+i)^T - 1}{(1+i)^T \cdot i}$			Annuitätenfaktor: $\dfrac{(1+i)^T \cdot i}{(1+i)^T - 1}$		
T	$i = 5\%$	$i = 10\%$	$i = 15\%$	$i = 5\%$	$i = 10\%$	$i = 15\%$
1	0,9524	0,9091	0,8696	1,0500	1,1000	1,1500
2	1,8594	1,7355	1,6257	0,5378	0,5762	0,6151
5	4,3295	3,7908	3,3522	0,2310	0,2638	0,2983
10	7,7217	6,1446	5,0188	0,1295	0,1627	0,1993

EWIGE RENTEN   Eine unendlich oft regelmäßig wiederkehrende Zahlung bezeichnet man als ewige Rente.[5] Bildet man den Grenzwert der Barwertformel für die gleich-
bleibende Rente, erhält man

$$\lim_{T \to \infty} R_0 = \lim_{T \to \infty} r \cdot \frac{(1+i)^T - 1}{(1+i)^T \cdot i} = r \cdot \left(\lim_{T \to \infty} \frac{1}{i} - \lim_{T \to \infty} \frac{1}{(1+i)^T \cdot i} \right) = \frac{r}{i}.$$

4. Die Funktion ZIELWERTSUCHE finden Sie, je nach verwendeter Excel-Version, unter EXTRAS oder
    WAS-WÄRE-WENN-ANALYSE.
5. Die englische Bezeichnung für Wertpapiere, die eine ewige Rente zahlen und die also nie getilgt wer-
    den, lautet "consols". Im Jahre 1752 konsolidierte die britische Regierung alle bestehenden Anleihen
    und fasste sie in einer einzigen, ewig laufenden Anleihe (eben dem consol) zusammen. Bis heute
    werden derartige consols, wenn auch in geringer Stückzahl, gehandelt.

Interpretation: Die ewige Rente entspricht der Zinszahlung, die man (ewig) erhalten würde, wenn man den Rentenbarwert R_0 zum Zinssatz i legen würde.

Beispiel 1.6: Ihr Konto wird mit 10 % p. a. verzinst. Welchen Betrag müssten Sie heute einzahlen, um dauerhaft am Ende eines jeden Jahres 100 € entnehmen zu können?

$$R_0 = \frac{100}{0{,}10} = 1.000$$

∎

GEOMETRISCH FORTSCHREITENDE RENTEN   Die Renten mögen entsprechende der Regel $r_1 = r$, $r_2 = r \cdot g^1$, $r_3 = r \cdot g^2$, ..., $r_{T-1} = r \cdot g^{T-2}$, und $r_T = r \cdot g^{T-1}$ wachsen, wobei g der Wachstumsfaktor ist. Man spricht von einer geometrisch fortschreitenden Rente.

ENDWERT   Dann kann man analog zur Vorgehenweise bei der gleichbleibenden Rente eine Endwertformel herleiten.

$$R_T = \begin{cases} r \cdot \dfrac{(1+i)^T - g^T}{(1+i) - g}, & \text{wenn } (1+i) \neq g, \\[2ex] r \cdot n \cdot (1+i)^{T-1}, & \text{wenn } (1+i) = g. \end{cases}$$

Beispiel 1.7: Ihre Einzahlungen auf ein Konto werden mit 10 % p. a. verzinst. Über welchen Betrag können Sie nach drei Jahren verfügen, wenn Sie am Ende des ersten Jahres 1.000 € einzahlen und in den folgenden Jahren Ihre Einzahlungen jeweils um 5 % erhöhen?

$$R_T = 1000 \cdot \frac{(1+0{,}10)^3 - (1+0{,}05)^3}{(1+0{,}10) - (1+0{,}05)} = 3.467{,}50$$

∎

BARWERT   Zinst man den Rentenendwert ab, erhält man

$$R_0 = \begin{cases} r \cdot \dfrac{(1+i)^T - g^T}{(1+i)^T \cdot (1+i-g)}, & \text{wenn } 1+i \neq g, \\[2ex] r \cdot T \cdot (1+i)^{-1}, & \text{wenn } 1+i = g. \end{cases}$$

Beispiel 1.8: Welchen Betrag müssen Sie heute auf Ihr Konto einzahlen, wenn das Konto mit 10 % p. a. verzinst wird und Sie am Ende des ersten Jahres 1.000 € und in den folgenden zwei Jahren jeweils 5 % mehr abheben wollen?

$$R_0 = 1000 \cdot \frac{(1+0{,}10)^3 - (1+0{,}05)^3}{(1+0{,}10)^3 \cdot ((1+0{,}10) - (1+0{,}05))} = 2.605{,}18$$

∎

EWIGE RENTEN Bildet man den Grenzwert der Barwertformel einer geometrisch steigenden Rente, erhält man für $1+i > g$

$$\lim_{T \to \infty} R_0 = \lim_{T \to \infty} r \cdot \frac{(1+i)^T - g^T}{(1+i)^n \cdot (1+i-g)}$$
$$= r \cdot \left(\lim_{T \to \infty} \frac{1}{1+i-g} - \lim_{T \to \infty} \frac{g^T}{(1+i)^T \cdot (1+i-g)} \right)$$
$$= \frac{r}{1+i-g} \, .$$

Oft findet man in Lehrbüchern auch die Darstellung

$$\lim_{T \to \infty} R_0 = \frac{r}{i-w} \quad \text{mit } w = g - 1.$$

Für $1+i \leq g$ ist der Grenzwert unendlich.

Beispiel 1.9: Ihr Konto wird mit 10 % p. a. verzinst. Am Ende des ersten Jahres wollen Sie 100 € entnehmen. Für alle folgenden Jahre planen Sie, Ihre Entnahmen jährlich um 5 % zu steigern. Welchen Betrag müssen Sie heute einzahlen?

$$R_0 = \frac{100}{(1+0{,}10) - (1+0{,}05)} = 2.000$$

∎

1.4 TILGUNGSRECHNUNG

Tilgungsrechnung ist angewandte Zins– und Rentenrechnung. Vier Grundgleichungen charakterisieren *jeden* Tigungsplan:

Kreditbetrag	Restschuld	Zinszahlung	Annuität
$K_0 = \sum_{t=1}^{T} T_t$	$K_t = K_{t-1} - T_t$	$Z_t = K_{t-1} \cdot i$	$A_t = Z_t + T_t$

Aus den vier Grundgleichungen folgt, dass der Barwert der Annuitäten dem ausgezahlten Kreditbetrag entsprechen muss.[6]

$$K_0 = \sum_{t=1}^{T} A_t \cdot (1+i)^{-t}$$

Beispiel 1.10: Ihre Bank verlangt für Kredite einen Zins von 10 % p. a. Stellen Sie für einen Kredit in Höhe von 2.100 € mit einer Laufzeit von drei Jahren die in der Praxis typischerweise verwendeten Tilgungspläne auf. ∎

ENDFÄLLIGE TILGUNG

DEFINITION   Während der Laufzeit des Darlehens werden nur Zinsen gezahlt. Getilgt wird in einer Summe am Laufzeitende.

t	K_{t-1}	Z_t	T_t	A_t
1	2.100	210	0	210
2	2.100	210	0	210
3	2.100	210	2.100	2.310

RATENTILGUNG

DEFINITION   Tilgungen bleiben während der gesamten Laufzeit konstant.[7]

$$T_1 \;=\; T_2 \;=\; \ldots \;=\; T_T \frac{K_0}{T}$$

t	K_{t-1}	Z_t	T_t	A_t
1	2.100	210	700	910
2	1.400	140	700	840
3	700	70	700	770

Charakteristisches Merkmal: Zinsen und Annuitäten bilden eine arithmetische Folge,

$$Z_t \;=\; Z_{t-1} - \frac{K_0 \cdot i}{T} \qquad \text{und} \qquad A_t \;=\; A_{t-1} - \frac{K_0 \cdot i}{T}.$$

6. Vgl. auch Barwert einer veränderlichen Rente.
7. Die Schreibweise T_T ist unglücklich, weil hier zwei verschiedene Begriffe (Tilgungshöhe und Laufzeit) mit derselben Variable T bezeichnet werden. In früheren Fassungen des Skriptes habe ich daher für die Laufzeit das Symbol n verwendet, was aber in späteren Kapiteln wieder für Verwirrung sorgte, weil der Buchstabe n im Wort "Laufzeit" oder "time" nun gar nicht vorkommt. Da dies die einzige Stelle ist, an der T_T auftaucht, bleibe ich jetzt bei der Art und Weise, die ich jetzt im Skript verwende.

DEFINITION   Annuitäten bleiben während der gesamten Laufzeit konstant. Erinnert man sich darüber hinaus an den Annuitätenfaktor und die Tatsache, dass der Barwert der Annuitäten dem ausgezahlten Kreditbetrag entsprechen muss, erhält man

$$A_1 \;=\; A_2 \;=\; \ldots \;=\; A_T \;=\; A \;=\; K_0 \cdot \frac{(1+i)^T \cdot i}{(1+i)^T - 1}.$$

t	K_{t-1}	Z_t	T_t	A_t
1	2.100,00	210,00	634,44	844,44
2	1.465,56	146,56	697,89	844,44
3	767,67	76,77	767,67	844,44

Charakeristisches Merkmal: Tilgungen bilden eine geometrische Folge,

$$T_t \;=\; T_{t-1} \cdot (1+i).$$

2 Investitionsrechnung unter Sicherheit

Symbolverzeichnis

T	Nutzungsdauer eines Investitionsprojektes in Jahren
t	Zeitpunkt mit $t = 0, 1, 2, \ldots, T$
C_t	Konsum bzw. Entnahme im Zeitpunkt t
CF_t	Cashflow im Zeitpunkt t
G_t	Gewinn in t
i	(sicherer) Zinssatz p. a. / Kalkulationszinssatz
i_z	interner Zinssatz
i_H	Haben–Zinssatz
i_S	Soll–Zinssatz
τ	Ertragsteuersatz
I_0	Investitionausgabe im Zeitpunkt $t = 0$
K_t	Kontostand im Zeitpunkt t
L_T	Liquidationserlös im Zeitpunkt $t = T$
M_t	investitionsunabhängige Basiszahlungen im Zeitpunkt t
V_t	Kurs eines Wertpapiers im Zeitpunkt t
Z_t	Zinsen, die im Zeitpunkt t fällig werden

2.1 Grundlegende Zusammenhänge und Begriffe

Lernziel: Sie erkennen, was Cashflows sind und verstehen, dass sie im Mittelpunkt des finanzwirtschaftlichen Interesses stehen.

Zahlungsgrössen oder Cashflows   In der betrieblichen Finanzwirtschaft[8] stehen Zahlungsgrößen im Vordergrund. Statt Zahlungsüberschuss sprechen wir auch vom Cashflow.[9] Ein Financier interessiert sich nicht (oder nur mittelbar) dafür, welchen Gewinn ein Unternehmen erwirtschaftet; er will nicht wissen, wie viel Personal man für ein Investitionsprojekt benötigt oder ob ein Produkt einen großen Fortschritt für die Menschheit bringen wird. Ihm ist es a priori nicht wichtig, ob ein Produkt sinnvoll und nützlich ist oder man sich damit nur die Zeit vertreiben kann. Die zentrale Frage eines Financiers lautet immer: Welche Zahlungen löst das Projekt oder das Produkt aus? Wann erfolgen diese Zahlungen? Welchen Risiken unterliegen sie?

---

8. Im deutschen Sprachraum unterscheidet man zwischen Finanz*wirtschaft* und Finanz*wissenschaft*. Letztere ist ein Teilgebiet der VWL und beschäftigt sich mit Problemen der optimalen Besteuerung in einer Gesellschaft. Halten Sie beide Bezeichnungen auseinander, da man sich bei solchen feinen begrifflichen Verwechslungen nicht selten dem Vorwurf einer völliger Unkenntnis auf dem Gebiet der Wirtschaftswissenschaft aussetzt. Finanzwirtschaft und Finanzierung sind Synonyme.
9. Die Schreibweise "Cash flow" ist aus dem angelsächsischen Sprachraum. Im Deutschen war noch "Cash-Flow" zulässig, dies ist aber nach der neuen Rechtschreibung fehlerhaft.

Man kann diese Geisteshaltung berechtigt kritisieren. Auf der anderen Seite aber erfüllen Finanzwirte in einem Unternehmen eine ganz wichtige Aufgabe. Sie haben dafür zu sorgen, dass das Unternehmen jederzeit über ausreichende Liquidität verfügt. Es liegt in ihrer Verantwortung, dass das Unternehmen jederzeit in der Lage ist, seine Rechnungen pünktlich zu bezahlen. Daher fokussiert ein Financier auf Zahlungsgrößen und blendet vieles, was damit im Zusammenhang steht aus (oder stellt es zurück). Diese Sichtweise werden wir von nun an auch einnehmen.

Wenn Finanzwirte sich auf Cashflows konzentrieren, so haben sie die damit erzielbaren Einkommen im Blick. Sie ignorieren Aspekte, die sich nicht mit Einkommenserzielung vereinbaren lassen. Auch diese verkürzte Sichtweise auf eine Einkommenserzielung ist durchaus problematisch. Man kann kaum bestreiten, dass es Ziele und Motive gibt, die mit Einkommenserzielung nichts oder nur wenig zu tun haben: Denken Sie an das Streben nach Macht und Einfluss oder an den Wunsch, bestimmte ethische Normen zu beachten. Aber auch hier werden wir uns die Sichtweise der Finanzierer zu eigen machen.

KONKURRIERENDE THEORIEANSÄTZE   In der Regel haben die Individuen eine ganze Reihe verschiedener Möglichkeiten (Alternativen), um Einkommen zu erzielen. Theoretische Ökonomen pflegen sich auf die Entscheidungen zu konzentrieren, welche die Individuen in diesem Zusammenhang zu treffen haben. Dabei können verschiedene Wege beschritten werden.

- Die *deskriptive* oder auch erklärende oder positive Theorie beschreibt empirisch, wie Entscheidungen in der Realität tatsächlich getroffen werden.

- Demgegenüber geht es in der *präskriptiven* oder auch praktisch–normativen Theorie um die Frage, wie man Entscheidungen vernünftigerweise treffen sollte.[10]

Im Rahmen der betrieblichen Finanzwirtschaft herrscht der Ansatz der normativen Theorie vor. Auf die deskriptive Theorie werden wir faktisch nicht eingehen.

DIE BEGRIFFE INVESTITION UND FINANZIERUNG   Die betriebswirtschaftliche Literatur fasst die Begriffe "Finanzierung" und "Investition" nicht einheitlich. Wir beschränken uns im Folgenden auf die Betrachtung der Zahlungswirkungen und definieren daher:

Investition heißt eine Tätigkeit, die zunächst Auszahlungen und später Einzahlungen verursacht. $(--++++)$

---

10. Die Theorie vermeidet Aussagen, ob sich die Erzielung von Einkommen mit Rückgriff auf ethische Normen rechtfertigen lässt. Das ist in einer bekennend–normativen Theorie anders.

Ergänzend sei angemerkt, dass Investitionen als Vorgänge der Kapitalverwendung interpretiert werden können, die in der Regel die Aktivseite der Bilanz eines Unternehmens verändern.

Finanzierung nennen wir dagegen einen Vorgang, der mit Einzahlungen beginnt, auf die später Auszahlungen folgen. $(+ - - - -)$

Im Zusammenhang mit Finanzierungsvorgängen wird oft auch von Kapitalbeschaffung gesprochen, die sich im Regelfall auf der Passivseite einer Bilanz niederschlägt.

Wichtige weitere Aspekte von Investitions– und Finanzierungsvorgängen bleiben bei dieser Form der Begriffsbildung unberücksichtigt, zum Beispiel die Risiken finanzwirtschaftlicher Aktivitäten oder leistungswirtschaftliche Eigenschaften von Investitionen.

FINANZWIRTSCHAFTLICHE ENTSCHEIDUNGEN In der Finanzwirtschaft unterstellen wir, dass Individuen nur ein Ziel haben: Sie wollen ihr Einkommen maximieren. Alles andere interessiert sie nur dann, wenn es diesem Ziel behilflich sein kann. Diese Sicht mag stark vereinfachend sein – aber wir wollen in der Finanzwirtschaft nicht die gesamte Welt erklären, sondern nur beschreiben, was die Triebkräfte an Finanzmärkten sind. Und die dort tätigen Akteure verhalten sich typischerweise so, als ob sie ihr Einkommen maximieren.

Die Investorinnen suchen nach optimalen Investitions– und Finanzierungsalternativen und müssen dabei Nebenbedingungen (man spricht von Budgetrestriktionen) beachten. Unsere Individuen agieren in einem idealisierten Umfeld, was uns in den Stand versetzt, sehr klare Handlungsanweisungen zu formulieren. Im Laufe des Semesters werden wir beispielsweise folgende Fragen beantworten:

- Sollten die laufenden Cashflows eines Unternehmen in neue Projekte investiert oder ausgeschüttet und privat am Kapitalmarkt angelegt werden?

- Welchen Einfluss hat höheres Zahlungsrisiko auf eine Investitionsentscheidung?

2.2 ARTEN VON INVESTITIONSENTSCHEIDUNGEN

Lernziel: Sie können die verschiedene Arten von Investitionsentscheidungen unterscheiden und konzentrieren sich dann auf Wahlentscheidungen.

WAHLENTSCHEIDUNGEN Die folgende Übersicht (Abbildung 1) zeigt uns, wie Investitionsentscheidungen grundsätzlich differenziert werden können. So besteht die Möglichkeit, dass Investitionsentscheidungen echte Alternativen sind, man also ein

Produkt A (etwa einen neuen Fahrzeugtyp) oder ein Produkt B (etwa einen bereits bestehenden Fahrzeugtyp) in einer Produktionsstätte produzieren lässt, eine Herstellung beider Produkte jedoch ausgeschlossen ist. In dieser Situation spricht man von so genannten Einzelentscheidungen.

Sind die Investitionsentscheidungen dagegen keine Alternativen, so nennen wir sie Programmentscheidungen. Wir werden uns im Laufe dieser Vorlesung nicht mit Programmentscheidungen befassen.

Abbildung 1: Übersicht über Investitionsverfahren.

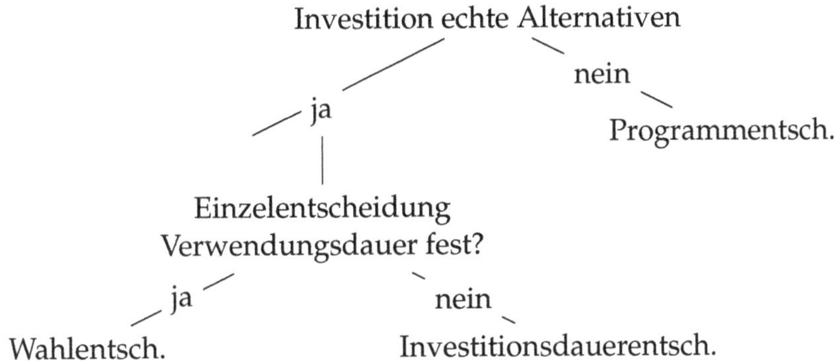

Bei den Einzelentscheidungen wiederum besteht die Möglichkeit, dass die Investitionsdauer des Projektes festliegt (Wahlentscheidung) oder selbst Gegenstand der Entscheidung ist (Investitionsdauerentscheidung). Im letzteren Fall tritt ein Element der Unsicherheit hinzu, das wir im Rahmen der BA-Ausbildung noch nicht behandeln können. Wir konzentrieren uns daher auf Wahlentscheidungen.

STATISCHE VERFAHREN Die statischen Verfahren der Investitionsrechnung orientieren sich an durchschnittlichen Erfolgsgrößen (Gewinn, Kosten, Rendite) über die Zeit. In der statischen Rechnung sind (bei gleicher Höhe) frühere Zahlungsströme genau so viel wert wie spätere.[11] Investorinnen verhalten sich aber grundlegend anders – daher werden wir auf die statischen Verfahren gar nicht eingehen. Alles andere wäre Zeitverschwendung.

2.3 DYNAMISCHE VERFAHREN: FINANZPLAN UND KAPITALWERT

Lernziel: Sie können Kapitalwert und vollständige Finanzpläne anwenden und wissen, welchen ökonomischen Hintergrund diese Begriffe besitzen. Sie erkennen, dass der interne Zins kein sinnvolles Entscheidungskriterium ist.

---

11. Eine Ausnahme bildet die Amortisationsrechnung, die von Zahlungsströmen (Cashflows) ausgeht.

Die dynamischen Verfahren der Investitionsrechnung orientieren sich an den Cashflows. Wir gehen jetzt auf drei Verfahren (vollständiger Finanzplan, Kapitalwert, interner Zins) ein.

VOLLSTÄNDIGE FINANZPLÄNE Wir wollen jetzt die Frage aufwerfen, wie man Investitionsentscheidungen mit Hilfe *vollständiger Finanzpläne* treffen kann. Dazu müssen wir zwei Zahlungen unterscheiden:

- Zum einen gibt es Zahlungen, die auch dann anfallen, wenn das Investitionsprojekt nicht durchgeführt wird. Man spricht von Basiszahlungen. Wir bezeichnen sie mit M_t. Der Fall $M_t = 0$ soll möglich sein; der Index t verdeutlicht, dass die Zahlungen nicht zeitlich konstant sein müssen.

- Dann gibt es Zahlungen, die nur im Zusammenhang mit dem Investitionsprojekt auftreten. Die Höhe dieser Zahlungen wird mit CF_t beschrieben, wenn es sich um Rückflüsse handelt. Die Rückflüsse fallen erst in $t > 0$ an. Für die heutigen Investitionsausgaben schreiben wir I_0.[12]

Wir gehen davon aus, dass aus einer Finanzplanung alle genannten Zahlungsgrößen bestimmbar sind. Wir werden dazu gleich ein konkretes Beispiel betrachten, bei dem in Abbildung 2 die Zahlungsgrößen für zwei Beispielprojekte A und B zusammengefasst werden. In der Abbildung stehen auch die Basiszahlungen M_t, die nicht abhängig von beiden Projekten sind.

Wir haben bereits beschrieben, worauf sich Finanzwirte konzentrieren. Zu diesem Zweck nehmen wir an, dass wir die Auszahlungen für den Konsum der Eigentümerin ebenfalls kennen. Im Zeitpunkt t mögen die Investorinnen den Betrag C_t für ihren Konsum ausgezahlt bekommen. Der Finanzierer eines Unternehmens wird nun versuchen, das nach den Zahlungsströme verbleibende Endvermögen im Unternehmen zu maximieren. Dazu dient das nachfolgende Beispiel.

Beispiel 2.1: Ihr Konsumplan lautet $(50; 50; 50; 50)$. Die Basiszahlungen in Ihrem Unternehmen betragen $(100; 80; 120; 90)$. Der Habenzinssatz liegt bei $i_H = 10\%$ und der Sollzinssatz bei $i_S = 15\%$. Die Kreditaufnahme darf $80 \, €$ nicht übersteigen. Die Abbildung 2 fasst alle Zahlungen, die mit zwei Projekten A und B verbunden sind, zusammen.

Entscheiden Sie sich mit Hilfe vollständiger Finanzpläne zwischen den beiden Projekten. Zu diesem Zweck ist dasjenige Projekt auszuwählen, dass das Endvermögen K_3 maximiert.

Die Berechnungen in Abbildung 2 zeigen, dass Projekt B zum höchsten Vermögen führt und auch finanzierbar ist. ∎

---

12. In seltenen Fällen wird von unserer Notation abweichend $CF_0 = -I_0$ geschrieben.

	Zeitpunkte		$t=0$	$t=1$	$t=2$	$t=3$
	Basiszahlungen	M_t	100,00	80,00	120,00	90,00
	Entnahmen	C_t	50,00	50,00	50,00	50,00
Projekt A	Cashflows	CF_t	−70,00	50,00	70,00	
	Zinsen	Z_t		−3,00	5,70	20,27
	Kontostand	K_t	−20,00	57,00	202,70	**262,97**
	Basiszahlungen	M_t	100,00	80,00	120,00	90,00
	Entnahmen	C_t	50,00	50,00	50,00	50,00
Projekt B	Cashflows	CF_t	−80,00	70,00	−20,00	90,00
	Zinsen	Z_t		−4,50	6,55	12,21
	Kontostand	K_t	−30,00	65,50	122,05	**264,26**
	Basiszahlungen	M_t	100,00	80,00	120,00	90,00
Unterlassungs-	Entnahmen	C_t	50,00	50,00	50,00	50,00
alternative	Zinsen	Z_t		5,00	8,50	16,35
	Kontostand	K_t	50,00	85,00	163,50	**219,85**

Ein zweites Beispiel zeigt, dass die Investitionsentscheidung auf einem unvollkommenen Kapitalmarkt von der Art der gewünschten Entnahmen abhängig sein kann. Bei mehreren Financiers kann das zu Konflikten führen.

Beispiel 2.2: Ihr Konsumplan lautet jetzt (100; 100; 100; 100). Ansonsten gelten die Daten des vorstehenden Beispiels. Die Berechnungen in Abbildung 3 zeigen, dass jetzt Projekt A der Vorzug gegeben wird. Es zeigt sich, dass die Konsumwünsche der Eigentümerin die Investitionsentscheidung beeinflussen können.   ■

Wir haben an den beiden Beispielen gesehen, dass vollständige Finanzplan einen gewichtigen Nachteil besitzen: Man muss die Basiszahlungen für die Entscheidung über ein Investitionsprojekt kennen. In einer Reihe von Fällen kann es aber unter Umständen nicht möglich sein, diese Basiszahlungen zu ermitteln. Denken Sie etwa an den Fall mehrerer Investorinnen, die ein gemeinsames Unternehmen gründen wollen: Die Basiszahlungen sind hier die Einnahmen aus anderer Geschäftstätigkeit, die eine Investorin ihrem Geschäftspartner nicht unbedingt zur Kenntnis bringen möchte. Besteht also die Möglichkeit, Investitionsentscheidungen ohne Kenntnis der Basiszahlungen zu treffen? Dies ist beispielsweise dann der Fall, wenn man die Kapitalwertmethode anwenden kann.

Abbildung 3: Vollständige Finanzpläne bei geändertem Konsumplan.

	Zeitpunkte		$t = 0$	$t = 1$	$t = 2$	$t = 3$
Projekt A	Basiszahlungen	M_t	100,00	80,00	120,00	90,00
	Entnahmen	C_t	100,00	100,00	100,00	100,00
	Cashflows	CF_t	−70,00	50,00	70,00	
	Zinsen	Z_t		−10,50	−7,58	3,19
	Kontostand	K_t	−70,00	−50,50	31,93	**25,12**
Projekt B	Basiszahlungen	M_t	100,00	80,00	120,00	90,00
	Entnahmen	C_t	100,00	100,00	100,00	100,00
	Cashflows	CF_t	−80,00	70,00	−20,00	90,00
	Zinsen	Z_t		−12,00	−6,30	−7,25
	Kontostand	K_t	−80,00	−42,00	−48,30	**24,46**
Unterlassungs-alternative	Basiszahlungen	M_t	100,00	80,00	120,00	90,00
	Entnahmen	C_t	100,00	100,00	100,00	100,00
	Zinsen	Z_t		0,00	−3,00	−0,45
	Kontostand	K_t	0,00	−20,00	−3,00	**−13,45**

KAPITALWERTMETHODE   Beim Kapitalwert handelt es sich streng genommen nicht wirklich um ein weiteres Verfahren der Investitionsrechnung. Vielmehr ist der Kapitalwert nur ein Spezialfall eines vollständigen Finanzplanes, wenn vereinfachende Annahmen erfüllt sind. Diese Annahme wollen wir jetzt präzisieren.

ANNAHMEN   Investitionsentscheidungen können nach der Kapitalwertmethode getroffen werden, wenn der Kapitalmarkt perfekt ist. Darunter verstehen wir folgendes.

Definition 2.1 (perfekter Kapitalmarkt). *Ein Kapitalmarkt heißt* perfekt, *wenn*

1. *er vollkommen (also Sollzins = Habenzins gilt),*

2. *unbeschränkt (kein Finanzierungslimit vorhanden) und*

3. *reibungsfrei ist (keine Transaktionskosten und Steuern).*

Vereinfachend gehen wir im Folgenden davon aus, dass der Zinssatz p. a. unabhängig von der Laufzeit eines Finanzierungsvertrages ist. Man spricht in diesem Fall von einer "flachen Zinskurve".

KAPITALWERT UND VOLLSTÄNDIGER FINANZPLAN   Wir zeigen jetzt, dass in einem vollkommenen Kapitalmarkt die Höhe der Basiszahlungen M_0 und die Höhe der Entnahmen C_t für die Frage, ob ein Projekt durchgeführt werden sollte, irrelevant sind. Wenn sich dieses Projekt lohnt, wird auch eine "verarmte" Investorin von einer Bank die finanziellen Mittel erhalten, um diese Investition durchzuführen. Ebenso wird ein stark konsumorientierter Investor die gleichen Entscheidungen treffen wie jemand, die vor hat nur von Wasser und Brot zu leben. Bei unvollkommenen Märkten galt diese Behauptung nicht notwendigerweise, wie wir an einem konkreten Beispiel sehen konnten.[13]

Für das weitere Vorgehen ist es nützlich, die Rechenregeln zur Ermittlung des Endvermögens zu formalisieren. Dazu gehen wir vorerst von einem unvollkommenen Markt aus und stellen dar, wie sich der Kontostand K_t unserer Investorin entwickelt.[14]

$$K_0 = M_0 - C_0 - I_0.$$

$$K_t = \begin{cases} M_t - C_t + CF_t + (1 + i_H) \cdot K_{t-1}, & \text{wenn } K_{t-1} \geq 0, \\ M_t - C_t + CF_t + (1 + i_S) \cdot K_{t-1}, & \text{wenn } K_{t-1} < 0. \end{cases}$$

Das Projekt ist nur finanzierbar, wenn $K_t \geq X_t$.

Das Projekt heißt hier "finanzierbar", wenn die Kreditmenge und damit der Kontostand in jedem Zeitpunkt eine bestimmte, vorher fest vorgegebene Größe (die wir hier mit X_t bezeichnen) übersteigt. Sinnvollerweise wird $X_t < 0$ gelten. Anderenfalls liefe die Forderung $K_t \geq X_t$ ja darauf hinaus, dass ein Projekt immer einen positiven Mindestkontostand voraussetzt und das erscheint uns nicht ökonomisch plausibel.

Auf einem vollkommenen und unbeschränkten Kapitalmarkt vereinfachen sich die Rechenregeln für den vollständigen Finanzplan zu

$$K_0 = M_0 - C_0 - I_0,$$
$$K_t = M_t - C_t + CF_t + (1 + i) \cdot K_{t-1}.$$

13. Diejenigen unter Ihnen, die bereits mit dem Begriff des Kapitalwertes zu tun hatten, wird unser Ergebnis nicht überraschen: Besitzt beispielsweise die Investorin keinerlei finanzielle Mittel, so muss das Projekt vollständig fremdfinanziert werden. In diesem Fall ist also der Sollzins für die Entscheidung relevant. Ist die Investorin dagegen vermögend, dann stellt eine Anlage zum Habenzins eine Alternative dar. Differieren beide Zinssätze stark, so kann eine genügend hohe Ausstattung an Finanzmitteln in der Tat zu einer Änderung der Investitionsentscheidung führen.

14. Die in diesem Text verwendeten Symbole (wie beispielsweise ∀), die nicht in der Symbolübersicht erwähnt werden, haben wir in einem Mathematik-Skript erläutert, das Sie auf unseren Webseiten (Lehre ⟶ Mathematik-Formelsammlung) finden. Wir setzen voraus, dass Sie sich die Inhalte dieses Skripts selbständig aneignen.

Fortgesetztes Einsetzen erlaubt die Entwicklung einer Endwertformel.

$$K_1 = M_1 - C_1 + CF_1 + (1+i) \cdot K_0$$
$$= M_1 - C_1 + CF_1 + (1+i) \cdot (M_0 - C_0 - I_0)$$

$$K_2 = M_2 - C_2 + CF_2 + (1+i) \cdot K_1$$
$$= M_2 - C_2 + CF_2 + (1+i) \cdot (M_1 - C_1 + CF_1) + (1+i)^2 \cdot (M_0 - C_0 - I_0)$$
$$= \sum_{t=0}^{2} (1+i)^{2-t} \cdot (M_t - C_t) - (1+i)^2 \cdot I_0 + \sum_{t=1}^{2} (1+i)^{2-t} \cdot CF_t$$

$$\vdots$$

$$K_T = \sum_{t=0}^{T} (1+i)^{T-t} \cdot (M_t - C_t) - (1+i)^T \cdot I_0 + \sum_{t=1}^{T} (1+i)^{T-t} \cdot CF_t \tag{1}$$

$$= (1+i)^T \cdot \left(\underbrace{\sum_{t=0}^{T} \frac{M_t - C_t}{(1+i)^t}}_{\text{projektunabhängig}} \underbrace{-I_0 + \sum_{t=1}^{T} \frac{CF_t}{(1+i)^t}}_{= \text{NPV}} \right) \tag{2}$$

Was sagt diese Gleichung aus? Wir erkennen, dass der Endkontostand von zwei Summanden abhängig ist. Der erste Summand enthält ausschließlich Elemente, die nicht vom Projekt abhängig sind. Ob also das Projekt durchgeführt wird oder ob wir es unterlassen, ist für die Höhe dieses Summanden nicht von Bedeutung.

Der zweite Summand bündelt all diejenigen Größen, die durch das Projekt beeinflusst werden. Dort finden wir einen Term, den wir mit NPV (Kapitalwert, Net Present Value) abgekürzt haben. Dieser Kapitalwert der Investition wird wie folgt definiert.

Definition 2.2 (Kapitalwert). *Der* Kapitalwert *eines Investitionsprojektes ist die Größe*

$$\text{NPV} = -I_0 + \sum_{t=1}^{T} \frac{CF_t}{(1+i)^t}$$

ENTSCHEIDUNGSKRITERIUM   Das Vorzeichen dieses Terms entscheidet nun alles.[15]

Satz 2.3 (NPV und Endwert). *Der Endkontostand eines Investors*

sinkt, wenn bei negativem NPV das Projekt ausgeführt wird.

---

15. Wir haben den Fall ausgelassen, dass der NPV Null ist. Man wäre geneigt zu sagen, dass in diesem Fall auf Grund des vorhandenen Risikos das Projekt besser unterlassen wird. Das ist aber falsch: Wir haben in diesem Abschnitt Risiko völlig ausgeblendet und können es jetzt nicht durch die Hintertür wieder einführen. Die Einbeziehung von Risiko ist etwas komplizierter und führt dann zu anderen Kapitalwertgleichungen. Wenn der NPV Null wird, ist man indifferent zwischen Unterlassung und Ausführung des Projektes.

wächst, wenn bei positivem NPV das Projekt ausgeführt wird.

Wir entnehmen diesem Satz die Entscheidungsregel, dass bei positivem Kapitalwert das Projekt durchgeführt werden soll und man es bei negativem Kapitalwert besser unterlässt. Wir erkennen: Allein der NPV entscheidet darüber, ob wir ein Projekt durchführen oder unterlassen.

Wir können die Regel ebenso anwenden, wenn wir ein Projekt nicht auf Unterlassung und Durchführung prüfen, sondern zwischen mehreren Projekten zu wählen haben. Dann gilt analog: Wähle die Handlungsalternative mit dem höchsten Kapitalwert, denn sie maximiert das Endvermögen.

Abbildung 4 zeigt an Hand des bekannten Beispiels, wie die Kapitalwertformel tabellarisch ausgewertet werden kann.[16] Die Investitionsentscheidung fällt nach der Kapitalwertmethode zu Gunsten von Projekt B aus, wenn der Zinssatz 10% beträgt.

Abbildung 4: Zwei Beispielrechnungen zur Kapitalwertmethode.

	Zeitpunkte	$t = 0$	$t = 1$	$t = 2$	$t = 3$
	Abzinsungsfaktoren $((1+i)^{-t})$	1,0000	0,9091	0,8264	0,7513
Projekt A	Cashflows $(-I_0$ bzw $CF_t)$	−70,00	50,00	70,00	
	...diskontiert $(\frac{CF_t}{(1+i)^t})$	−70,00	45,45	57,85	
	...und addiert (NPV)	**33,31**			
Projekt B	Cashflows $(-I_0$ bzw $CF_t)$	−80,00	70,00	−20,00	90,00
	...diskontiert $(\frac{CF_t}{(1+i)^t})$	−80,00	63,64	−16,53	67,62
	...und addiert (NPV)	**34,73**			

Nachdem die formale Analyse des Kapitalwerts beendet ist, wollen wir uns einer möglichen Interpretation zuwenden. Diese Interpretation soll einen intuitiven Zugang zur bisherigen Theorie ermöglichen.

INTERPRETATION DES NPV ALS PREISDIFFERENZ ZUM KAPITALMARKT Betrachten wir dazu wieder unsere Sachinvestition, die in den Zeitpunkten die Cashflows CF_t generiert und eine Anfangsausgabe von I_0 verlangt. Wir wollen jetzt ein Gedankenexperiment durchführen und uns vorstellen, wir würden gebeten, diese Investition vollständig zu finanzieren. Wir haben bereits gelernt, dass uns als Financier nur die Zahlungsströme aus der Investition interessieren – was konkret erzeugt wird oder ob Arbeitsplätze geschaffen oder vernichtet werden, rückt für uns in den Hintergrund.

Wenn den Financier nur die Zahlungsströme aus der Sachinvestition interessieren, dann kann er auch nur folgenden Vergleich anstellen: Zum einen besteht für sie die

---

16. Die Darstellung wurde so gewählt, dass auch Fragestellungen mit mehr als drei zukünftigen Zeitpunkten leicht beantwortet werden können.

Möglichkeit, die Sachinvestition durchzuführen. Zum anderen kann sie sich an ein Finanzinstitut (eine Bank) wenden und die identischen Zahlungsströme von der Bank erwerben. Selbstverständlich muss sie auch hier eine Anfangsinvestition (eine Einzahlung) tätigen, um später Auszahlungen vornehmen zu können. Die für den Financier entscheidende Frage ist nun die folgende. *Ist die Sachinvestition oder aber die Finanzinvestition preiswerter?* Wir zeigen jetzt, dass der Kapitalwert eine Antwort auf diese Frage darstellt und nichts anderes als einen "Preisvergleich" der Sachinvestition zum Kapitalmarkt beschreibt.

Dazu betrachten wir die Folge der Zahlungen, die der Financier erhält. In einem konkreten Zeitpunkt t ist dies der Cashflow CF_t. Würde der Financier nur diese Zahlung von der Bank erhalten wollen, so müsste er auf ein Konto jetzt den Geldbetrag von $\frac{CF_t}{(1+i)^t}$ einzahlen.

Die Sachinvestition vereint aber mehrere derartige Zahlungen CF_t, die in verschiedenen Zeitpunkten t erfolgen. Der Financier kann diese Zahlungen in verschiedenen Zeitpunkten ohne weiteres auf einem Konto zusammenfassen und muss dann statt den einzelnen Geldbeträgen $\frac{CF_t}{(1+i)^t}$ für jedes t die Gesamtsumme

$$\sum_{t=1}^{T} \frac{CF_t}{(1+i)^t}$$

als Anfangseinzahlung leisten. Überweist er diesen Geldbetrag und entnimmt in den Zeitpunkten t jeweils den Cashflow CF_t, dann weist sein Konto am Laufzeitende T gerade den Betrag von null auf.

Entscheidend ist nun die folgende Überlegung. Der Financier vergleicht beim Kapitalwert den "Preis", den ihm die Investorin bietet (nämlich I_0) mit dem "Preis", den er bei der Bank entrichten muss (nämlich $\sum_{t=1}^{T} \frac{CF_t}{(1+i)^t}$). Diese Preisdifferenz ist nichts anderes als der Kapitalwert der Investition.

2.4 KAPITALWERT UND STEUERN

Lernziel: Sie lernen eine zweckmäßige Kapitalwertdefinition kennen, wenn Steuern einbezogen werden sollen.

Jetzt werfen wir die Frage auf, wie Zahlungsströme zu bewerten sind, wenn Steuern eine Rolle spielen. Wieder konzentrieren wir uns auf sichere Zahlungen.

Das Steuerrecht zeichnet sich nicht nur in Deutschland dadurch aus, dass es eine Fülle facettenreicher Vorschriften gibt. Üblicherweise werden steuerrechtliche Regelungen in finanzwirtschaftlichen Modellen nicht detailgetreu abgebildet. Vielmehr ist es üblich, mit mehr oder minder starken Vereinfachungen zu arbeiten. Dieser Tradition werden wir folgen. Die Vereinfachung darf natürlich eine gewisse Grenze nicht überschreiten.

Zuerst wollen wir uns Klarheit darüber verschaffen, welche Steuern bei einer Kapitalwertermittlung berücksichtigt werden sollen. In Deutschland existieren über 50 verschiedene Steuerarten, die wir in Abbildung 5 versucht haben anhand der Einkommensentstehung sowie -verwendung zu systematisieren. Wir wollen uns hier nur auf Ertragsteuern konzentrieren.

Abbildung 5: Steuerarten in Deutschland

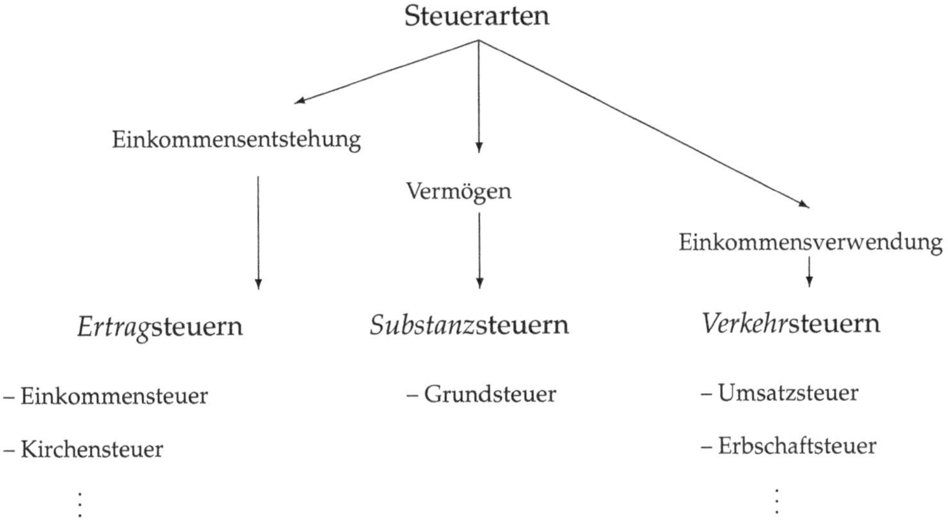

Steuerarten

Einkommensentstehung

Vermögen

Einkommensverwendung

*Ertrag*steuern

*Substanz*steuern

*Verkehr*steuern

– Einkommensteuer

– Kirchensteuer

⋮

– Grundsteuer

– Umsatzsteuer

– Erbschaftsteuer

⋮

Wollen wir eine solche vereinfachte Ertragsteuer in unser Modell integrieren, so müssen wir uns Klarheit darüber verschaffen, wie detailgetreu unsere Steuer gestaltet sein soll. Zu diesem Zweck müssen wir darüber nachdenken, wie Bemessungsgrundlagen und Tarif der Steuern ausgestaltet sein sollen. Üblicherweise wird sich eine solche Steuern am "Gewinn" einer Investition orientieren. Dazu müssen wir uns klar machen, was wir unter dem Gewinn einer Investition (in unserem Modell) verstehen wollen.

Denkt man an Ertragsteuern, so ist zudem zu beobachten, dass steuerrechtliche Regelungen für Gewinne aus Finanzinvestitionen meistens anders aussehen als für Gewinne aus Realinvestitionen. Dieser Tatsache wollen wir gerecht werden und wenden uns deswegen zunächst den Finanzinvestitionen (Anlagen am Kapitalmarkt) zu.

Definition 2.4 (Gewinn einer Finanzinvestition). *Der Gewinn einer Finanzinvestition im Zeitpunkt t entspricht der Zinszahlung $i \cdot V_{t-1}$.*

Mehrere kurze Anmerkungen sind zweckmäßig. Der Zinssatz i ist grundsätzlich positiv. Aber es kann nicht ausgeschlossen werden, dass der Marktwert V_{t-1} null oder sogar negativ ist. Im letzten Fall hätten wir es mit einem negativen Gewinn aus einer Finanzinvestition zu tun. Üblicherweise spricht man dann von einem Verlust. Wir werden jedoch aus Gründen der Einfachheit weiterhin von einem "Gewinn" sprechen, unser Gewinnbegriff soll also beide Fälle umfassen. Man spricht auch davon, dass wir einen "sofortigen Verlustausgleich" unterstellen.[17]

Will man aus dem Gewinn einer Finanzinvestition die Steuerschuld ableiten und dabei steuerrechtliche Details beachten, so ist eine Reihe von teilweise komplizierten Überlegungen anzustellen. So gibt es beispielsweise rechtliche Regelungen, die Gewinne anders behandeln als Verluste. Ferner gibt es Regelungen, die darauf hinauslaufen, dass man zur Ermittlung der Steuerschuld beachten muss, wie groß die Gewinne (und Verluste) aus weiteren Einkommensquellen sind. Schließlich gibt es Vorschriften über die Verrechnung von Gewinnen aus der laufenden Periode mit Gewinnen (und Verlusten) früherer oder späterer Perioden. Darüber hinaus gibt es Freibetragsregelungen, die zur Konsequenz haben, dass Steuerzahlungen erst unter der Bedingung anfallen, dass die Gewinne eine bestimmte Größenordnung überschreiten. Über all diese Details werden wir in unseren Modellbetrachtungen hinwegsehen.

Wenden wir uns nun der Realinvestition zu. Bei dem Versuch, den Gewinn dieser Realinvestition zu definieren, wollen wir sehr allgemein vorgehen und uns dabei bewusst nicht an einem bestimmten Steuersystem orientieren. Vielmehr wollen wir die Definition so vornehmen, dass wir damit sehr unterschiedlichen Steuersystemen gerecht werden können. Zu diesem Zweck gehen wir vom Cashflow der Realinvestition aus und ziehen davon einen Betrag ab, den wir Abschreibung AfA nennen.

Definition 2.5 (Gewinn einer Realinvestition). *Der Gewinn einer Realinvestition im Zeitpunkt t entspricht der Differenz zwischen den Cashflows des Projekts und ihren Abschreibungen*

$$G_t := CF_t - \text{AfA}.$$

In diesem Kapitel werden wir grundsätzlich von linearen Abschreibungen ausgehen. Wir werden also unterstellen, dass sich die AfA aus der Investitionsausgabe I_0 und der Laufzeit T gemäß folgender Regel ermitteln:

$$\text{AfA} := \frac{I_0}{T}. \tag{3}$$

Abschließend kommen wir noch einmal auf unseren Gewinnbegriff gemäß Definition 2.5 zurück. Er steht wenigstens prinzipiell im Einklang mit § 4 Abs. 1 EStG und der einschlägigen betriebswirtschaftlichen Literatur.[18] Dort wird der Gewinn in der

---

17. Ein sofortiger Verlustausgleich läuft darauf hinaus, dass man im Fall eines Verlustes keine Steuern zahlt, sondern vielmehr vom Finanzamt eine Steuererstattung erhält. Diese Annahme ist keinesfalls so unrealistisch, wie man auf den ersten Blick vermuten könnte. Wer mehrere Wertpapiere besitzt, deren Gewinne miteinander verrechnet werden, muss für die Gültigkeit dieser Annahme nur sicherstellen, dass insgesamt ein Gewinn aus den Wertpapieren erzielt wird.

18. Siehe beispielsweise Wolfram Scheffler, *Besteuerung von Unternehmen I: Ertrag-, Substanz- und Verkehrsteuern*, 14. Auflage 2020, C.F. Müller Verlag Heidelberg. Jahrelang war dieses Lehrbuch *der* Standardtext für Ökonominnen, leider gibt es seit der Emeritierung von Herrn Scheffler keine aktualisierten Neuauflagen mehr.

Form

$$
\begin{array}{rl}
 & \text{Entnahmen} \\
- & \text{Einlagen} \\
+ & \text{Vermögen in } t \\
- & \text{Vermögen in } t-1 \\
\hline
= & \text{Gewinn}
\end{array}
$$

definiert. Ergibt sich der Rückfluss aus der Differenz von Einlagen und Entnahmen und identifizieren wir die Vermögensdifferenz als unsere Abschreibung, dann entspricht das exakt der Definition 2.5. Gleichzeitig erkennen wir an der Definition, dass unser Modell nur ein grobes Abbild der Realität darstellt. So würde man bei der Gewinnermittlung nach deutschen Steuerrecht vom Cashflow beispielsweise auch noch die Fremdkapitalzinsen und die Veränderungen der Rückstellungen abziehen. In unserem Modell aber gibt es kein Fremdkapital (alle Investitionen werden vollständig eigenfinanziert), also fehlen sowohl Fremdkapitalzinsen als auch die Veränderungen der Rückstellungen. Diese Probleme können erst im Masterstudium sowie teilweise erst in der Doktorandenausbildung berücksichtigt werden.

Nach diesen umfangreichen Vorüberlegungen können wir nun unsere Ertragsteuer mit Hilfe von drei Merkmalen charakterisieren:

Steuerschuldner: Hierunter ist jene Person zu verstehen, die die Ertragsteuer zu zahlen hat. Das ist die Investorin.

Steuerobjekt: Gegenstand der Ertragsbesteuerung wird im Folgenden immer die Durchführung von Investitionen sein. Damit können Realinvestitionen, Finanzinvestitionen (Kapitalmarktanlagen) oder beide gemeint sein.

Steuerschuld: Die Steuerschuld ergibt sich grundsätzlich aus dem Produkt von Bemessungsgrundlage und Tarif. Die Bemessungsgrundlage einer Investition wird im Folgenden der Gewinn sein. Beim Tarif werden wir immer unterstellen, dass er linear ist. Das bedeutet, dass die Bemessungsgrundlage proportional besteuert wird; der Steuersatz ist unabhängig von der Höhe der Bemessungsgrundlage und wird mit τ bezeichnet werden.

Dabei unterstellen wir stets einen sofortigen Verlustausgleich: Die Steuerschuld aus einer negativen Bemessungsgrundlage ermittelt sich nach denselben Regeln wie die Steuerschuld aus einer positiven Bemessungsgrundlage. Schlussendlich haben wir damit

$$\text{Steuerschuld in } t = \tau \cdot G_t \tag{4}$$

Wir gehen im Übrigen davon aus, dass die Ertragsteuer zum Zeitpunkt des Zuflusses der Cashflows gezahlt wird. Es wird unterstellt, dass keine Steuerüberwälzung stattfindet; die Rückflüsse der Realinvestition sind demnach unabhängig von der Besteuerung.

Nachdem wir sehr ausführlich auf die Modellierung unserer Ertragsteuer eingegangen sind, wenden wir uns nun der Frage zu, welchen Einfluss diese Ertragsteuer auf den Kapitalwert einer Entscheidung ausübt. Insbesondere interessiert uns, wie die Kapitalwertdefinition verändert werden muss, wenn man Ertragsteuern einbeziehen will. Auf diese Frage werden wir zwei Antworten geben. Wir beginnen mit einer Veranschaulichung; danach werden wir formal präzise zeigen, dass unsere intuitive Definition wirklich leistet, was sie leisten soll.

Wer in der Kapitalwertgleichung der Definition 2.2[19] eine Ertragsteuer berücksichtigen will, sollte dies zweckmäßigerweise wie folgt tun.

Definition 2.6 (Kapitalwert bei Ertragsteuer). *Der Kapitalwert im Fall einer Ertragsteuer lautet*

$$\text{NPV}^\tau = -I_0 + \sum_{t=1}^{T} \frac{CF_t(1-\tau) + \tau \text{AfA}}{(1+i(1-\tau))^t}. \tag{5}$$

Um den Kapitalwert unter Berücksichtigung der Steuer vom Kapitalwert ohne Einbeziehung von Steuern unterscheiden zu können, haben wir an das NPV-Symbol den Index τ angefügt.

Zuerst erkennen wir, dass die Definition unmittelbar einleuchtet. Im Zähler der Kapitalwertformel finden sich die Cashflows der Investition abzüglich der Steuerzahlungen auf das reale Projekt. Der Investor vergleicht diese mit den (alternativen) Zinseinnahmen aus einer Finanzinvestition. Die Erträge aus dieser Kapitalanlage müssen aber ebenfalls versteuert werden. Statt des Zinssatzes i erscheint dort aber $i(1-\tau)$. Das lässt sich so interpretieren, als ob die Zinsen bereits an der Quelle (nämlich am Kapitalmarkt oder bei der Bank) besteuert werden. Statt des Brutto-Zinssatzes i würde dann von der Bank nur der versteuerte Zinssatz (Netto-Zinssatz) $i(1-\tau)$ gezahlt werden.

Beispiel 2.3: Bevor wir zeigen, dass die Aussage des Satzes 2.3 (siehe S. 18) auch im Fall einer Ertragsteuer gültig bleibt, wollen wir die modifizierte Definition an einem Beispiel illustrieren. Dazu verwenden wir das Projekt A aus der Abbildung 4. Es ergibt sich jetzt in Abbildung 6 bei einem Steuersatz von $\tau = 50\%$ ein niedrigerer Kapitalwert von $NPV^\tau \approx 17{,}34$; der Wert ohne Steuern war 33,31. Dass der Kapitalwert sinkt, sollte nicht überraschen – immerhin gehen die Zahlungsüberschüsse nicht nur an den Investor, sondern auch den Fiskus. ∎

Zuletzt wollen wir zeigen, dass die Aussage des Satzes 2.3 weiterhin gültig bleibt, wenn wir eine Ertragsteuer berücksichtigen:

---

19. Siehe S. 18.

Abbildung 6: Cashflows und Diskontierungsfaktoren mit Steuern (bei linearer Abschreibung), $i = 10\%$, $\tau = 50\%$, alle anderen Werte aus Abbildung 4. Afa und Gewinne sind grau gedruckt, weil das keine Zahlungen sind.

Zeit t	0	$t = 1$	$t = 2$	$t = 3$
$\frac{1}{(1+i(1-\tau))^t}$	1	0,952	0,907	0,864
CF	–70	50,00	70,00	0,00
AfA		23,33	23,33	23,33
Gewinn		26,67	46,67	–23,33
Steuern	0	–13,33	–23,33	11,67
Netto-CF	–70	36,67	46,67	11,67

Satz 2.7. *Es existiere eine Ertragsteuer mit Steuersatz τ. Dann gilt weiterhin, dass der End-kontostand eines Investors*

sinkt, wenn bei negativem NPV das Projekt ausgeführt wird.

wächst, wenn bei positivem NPV das Projekt ausgeführt wird.

Der oben in Gleichung (5) definierte Kapitalwert mit Steuern erweist sich also in der Tat als zweckmäßig. Wir sollten ihn dann als Entscheidungskriterium verwenden, wenn wir Steuern berücksichtigen wollen.

Beweis: Wir orientieren uns beim Beweis an den Rechnungen der Seite 18. Unsere einzige Veränderung wird darin bestehen, dass wir in jedem Zeitpunkt zusätzlich die Zahlungen an den Fiskus einbeziehen. Dann lauten die Gleichungen auf einem vollkommenen und unbeschränkten Kapitalmarkt wie folgt

$$\begin{aligned} K_0 &= M_0 - C_0 - I_0, \\ K_t &= M_t - C_t + CF_t - \tau(CF_t - AfA) + (1+i) \cdot K_{t-1} - \tau \cdot i \cdot K_{t-1}. \end{aligned}$$

Man erkennt auf der rechten Seite der Gleichung des Kontostandes K_t die Steuerzahlung auf den Gewinn der Realinvestition sowie die Steuern, die auf die Zinseinkünfte anfallen. Da ein sofortiger Verlustausgleich unterstellt wurde, bleibt die Gleichung unverändert gültig, wenn die Bemessungsgrundlagen negativ sein sollten.

Fortgesetztes Einsetzen erlaubt wieder die Entwicklung einer Endwertformel.

$$K_1 = M_1 - C_1 + CF_1 - \tau(CF_1 - AfA) + (1 + i(1 - \tau)) \cdot K_0$$
$$= M_1 - C_1 + CF_1 - \tau(CF_1 - AfA) + (1 + i(1 - \tau)) \cdot (M_0 - C_0 - I_0)$$

$$K_2 = M_2 - C_2 + CF_2 - \tau(CF_2 - AfA) + (1 + i(1 - \tau)) \cdot K_1$$
$$= M_2 - C_2 + CF_2 - \tau(CF_2 - AfA) + (1 + i(1 - \tau)) \cdot (M_1 - C_1 + CF_1 - \tau(CF_1 - AfA))$$
$$+ (1 + i(1 - \tau))^2 \cdot (M_0 - C_0 - I_0)$$
$$= \sum_{t=0}^{2} (1 + i(1 - \tau))^{2-t} \cdot (M_t - C_t) \ - \ (1 + i(1 - \tau))^2 \cdot I_0$$
$$+ \sum_{t=1}^{2} (1 + i(1 - \tau))^{2-t} \cdot (CF_t - \tau(CF_t - AfA))$$

$$\vdots$$

$$K_T = \sum_{t=0}^{T} (1 + i(1 - \tau))^{T-t} \cdot (M_t - C_t) - (1 + i(1 - \tau))^T \cdot I_0$$
$$+ \sum_{t=1}^{T} (1 + i(1 - \tau))^{T-t} \cdot (CF_t - \tau(CF_t - AfA)) \tag{6}$$
$$= (1 + i(1 - \tau))^T \cdot \left(\underbrace{\sum_{t=0}^{T} \frac{M_t - C_t}{(1 + i(1 - \tau))^t}}_{\text{projektunabhängig}} \underbrace{-I_0 + \sum_{t=1}^{T} \frac{CF_t - \tau(CF_t - AfA)}{(1 + i(1 - \tau))^t}}_{= \text{NPV}^\tau} \right)$$

Genau das war zu zeigen. ∎

2.5 INTERNER ZINSSATZ

> **Lernziel:** Neben dem Kapitalwert wird oft der interne Zins verwandt. Sie lernen das Kriterium kennen und erkennen, dass es nur unter sehr besonderen Umständen eingesetzt werden kann.

Neben dem Kapitalwert existiert noch ein weiteres dynamisches Investitionsverfahren, der interne Zinssatz. Anschaulich beruht der interne Zins auf dem Versuch, die Höhe "der Rendite" einer Sachinvestition zu bestimmen. Dazu wird folgende Definition gewählt, wobei wir die Frage nach einer ökonomischen Sinnhaftigkeit vorerst offen lassen.

Definition 2.8. *Der interne Zinssatz i_z ist jener Zinssatz, für den der NPV den Wert null annimmt:*

$$\text{NPV} = -I_0 + \sum_{t=1}^{T} \frac{CF_t}{(1+i_z)^t} \;\overset{!}{=}\; 0.$$

ENTSCHEIDUNGSKRITERIUM   Wie definiert man nun ein Entscheidungskriterium, das auf dem internen Zinssatz basiert? Man wählt die Handlungsalternative mit dem höchsten internen Zinssatz, sofern dieser größer als der Kalkulationszinssatz ist.

Der interne Zinssatz muss in der Regel mit einem numerischen Näherungsverfahren bestimmt werden. Wir haben die EXCEL–Funktion EXTRAS / ZIELWERTSUCHE genutzt und für Projekt A $i_z \approx 41{,}9\%$ ermittelt, sowie für Projekt B $i_z \approx 32{,}6\%$. Wir kommen also zu einer anderen Entscheidung als mit der Kapitalwertmethode.

FORMALE KRITIK   Man kann ganz offensichtlich mit dem obigen Entscheidungskriterium nur arbeiten, wenn der interne Zinsfuß eindeutig ist. Die Kapitalwertfunktion ist jedoch ein Polynom T–ten Grades. Für den internen Zinssatz können also mehrere Lösungen existieren. Dann aber wird das Entscheidungskriterium wertlos. Das soll an zwei Einzelbeispielen verdeutlicht werden.

Beispiel 2.4: Dazu betrachten wir eine Investition, die eine Investitionsausgabe von 1 und in den nächsten drei Zeitpunkten Cashflows von (6; -11; 6) besitzt. Man überlegt sich anhand einfacher Rechnung schnell, dass diese Investition *drei* interne Zinsfüße von 0%, 100% und 200% aufweist.

Ein weiteres Beispiel wird durch eine Investition gegeben, die ebenfalls eine Investitionsauszahlung von 1000 aufweist und in den nächsten zwei Zeitpunkten die Cashflows (2090; -1093) generiert. Hier gibt es *keinen* (reellen) internen Zinsfuß.   ∎

Man kann (und sollte) sich merken, dass der interne Zinssatz einer Investition dann eindeutig und positiv ist, wenn man es mit einer so genannten Normalinvestition zu tun hat, deren Zahlungsreihe das Deckungskriterium erfüllt (also die Einzahlungen insgesamt größer als die Auszahlungen sind). Eine Normalinvestition liegt vor, wenn die Zahlungen insgesamt nur einen Vorzeichenwechsel aufweisen, wenn also auf Auszahlungen nur Einzahlungen (oder umgekehrt) folgen.

ÖKONOMISCHE KRITIK   Im Falle sich gegenseitig ausschließender Investitionsprojekte ist der interne Zinssatz äußerst problematisch, und zwar insbesondere dann, wenn die Anschaffungsauszahlungen stark voneinander abweichen.

Beispiel 2.5: Gegeben seien zwei Investitionen mit einer Nutzungsdauer von jeweils einem Jahr und sehr unterschiedlichen Anschaffungsauszahlungen. Der Kalkulationszinssatz beträgt 10%. Man entscheide anhand von Kapitalwert beziehungsweise internem Zinssatz, welchem der beiden Projekte der Vorzug zu geben ist.   ∎

	$t=0$	$t=1$
Projekt A	−1	5
Projekt B	−10	20

Die Berechnungen sind rasch durchgeführt. Man erhält nachstehende Ergebnisse.

$$\text{NPV}_A = -1 + 5 \cdot 1{,}1^{-1} = 3{,}55$$
$$\text{NPV}_B = -10 + 20 \cdot 1{,}1^{-1} = 8{,}18$$
$$i_A = \frac{5}{1} - 1 = 400\,\%$$
$$i_B = \frac{20}{10} - 1 = 100\,\%,$$

Folgt man dem Kriterium des Kapitalwerts, so ist B besser als A; orientiert man sich dagegen am internen Zinssatz, erhält man genau die umgekehrte Rangfolge der beiden Projekte.

Dass der interne Zinssatz hier in die Irre führt, lässt sich mit einem kleinen Gedankenexperiment rasch zeigen. Man stelle sich einen mittellosen Investor vor, der sein Vermögen im Zeitpunkt $t = 1$ maximieren will. Entscheidet er sich für das rentablere Projekt A, so muss er Kredit in Höhe von 1 Geldeinheit aufnehmen und besitzt nach einem Jahr bei Zinsen in Höhe von 10 % ein Vermögen von $5 - 1 \cdot 1{,}1 = 3{,}9$ Geldeinheiten. Verwirklicht er dagegen das weniger rentable Projekt B, so muss er zwar zehn Geldeinheiten Kredit aufnehmen, kommt aber auf $20 - 10 \cdot 1{,}1 = 9$ Geldeinheiten, was deutlich günstiger ist.

Wir halten fest: Jemand, der sein Vermögen maximieren will, darf sich also bei einer Einzelentscheidung nicht am internen Zinssatz orientieren. Die Definition 2.8 ist unzweckmäßig.

Unabhängig von der Kritik spielen interne Zinsen in der Praxis eine wichtige Rolle. Bei Krediten an Privatpersonen muss laut Preisangabenverordnung der "effektive Jahreszins" ausgewiesen werden. Dieser effektive Jahreszins ist nun nichts anderes als ein interner Zins. Da es sich bei einem Privatkredit um eine Normalinvestition handelt, ist dieser Zinssatz immer eindeutig bestimmt.[20]

An dieser Stelle ist eine Anmerkung angebracht. Die hier formulierte Kritik am internen Zinssatz ist seit über einem halben Jahrhundert bekannt und hat dazu geführt, dass in der Wissenschaft nahezu niemand mehr ernsthaft dieses Kriterium vertritt (in einem in Deutschland sehr bekannten Lehrbuch wurde das Kapitel *interner Zins* mit

---

20. Das stimmt nicht ganz. Die Preisangabenverordnung lässt offen, wie bestimmte Zahlungen im Zusammenhang mit der Vergabe des Zinses (beispielsweise Kreditgebühren) behandelt werden. Hier existiert es also ein Spielraum, um den effektiven Jahreszins beeinflussen zu können. Sie sollten, wenn Sie Kredite anhand des effektiven Zinses miteinander vergleichen, nicht auf diese Angaben vertrauen sondern selbst nachrechnen.

den Worten "Ein Kapitel, das Sie eigentlich nicht lesen sollten" bedacht). Es gibt aber Ökonomen, die dieser Ansicht kritisch gegenüber stehen.[21] Ebenso hat beispielsweise Peter Carr darauf hingewiesen, dass komplexe interne Zinssätze durchaus ökonomisch sinnvoll interpretiert werden können. Man muss sich dazu nur eine Investition vorstellen, die eine Ausgabe von 1 verlangt, über zwei Jahren zahlungslos verläuft und dann zu einen negativen Cashflow führt (denkbar sind solche reinen Verlustgeschäfte etwa bei Forwards oder Derivaten mit einer sehr ungünstigen Preisentwicklung). Der interne Zins r folgt dann aus

$$0 = -1 + \frac{-1}{(1+r)^2} \implies r = -1 \pm i$$

und ist eine komplexe Zahl und damit überhaupt nicht mehr vorstellbar oder intuitiv. Solche komplexe Renditen können bei Geschäften entstehen, bei denen man mehr als das eingesetzte Kapital verliert.

2.6 RENDITEN UND DEREN DURCHSCHNITT

Lernziel: Will man die Güte eines Investitionsprojektes durch dessen vergangene Renditen beurteilen, so gibt es zwei Möglichkeiten: diskrete und stetige Renditen. Sie lernen, dass man bei diskreten Renditen nur das geometrische Mittel, bei stetigen Renditen nur das arithmetische Mittel bilden darf.

Im vergangenen Abschnitt haben wir uns mit der Frage befasst, wie man die Rendite eines Projektes definieren kann. Ein (unzweckmäßiger) Versuch bestand darin, den internen Zins eines Projektes zu bestimmen. Dieser interne Zins konnte jedoch mehrdeutig sein, gar nicht existieren oder aber auf falsche Investitionsentscheidungen führen. Trotz der Kritik mussten wir uns mit dem Konzept beschäftigen und konnten es nicht einfach ignorieren, weil die Rendite bei Krediten an Privatpersonen als "effektiver Jahreszins" ausgewiesen werden muss.

Wie verhält es sich, wenn man nicht Kredite, sondern Geld*anlagen* für Privatpersonen vor sich hat? Auch für diese Anlagen findet man Definitionen "der" Rendite eines Projektes (also beispielsweise eines Fonds oder eines Sparplanes), die sich vom internen Zins unterscheiden. Da im Fall der Geldanlagen weder die Preisangabenverordnung noch andere Gesetze vorschreiben, wie eine solche Rendite ermittelt werden muss, haben Banken, Sparkassen und Fonds sehr viele Freiheiten. Und nicht immer

---

21. Siehe beispielsweise Michael Osborne: "A resolution to the NPV–IRR debate?", *The Quarterly Review of Economics and Finance*, (50, 2) May 2010, S. 234-239. In diesem Artikel zeigt Osborne, wie ein mehrfacher interner Zins sinnvoll eingesetzt werden kann und zu genau dem Ergebnis führt, das sich bei Anwendung des Kapitalwertes ergibt. Dass solche Debatten teilweise auch mit sehr persönlichen Angriffen verbunden werden, ist in diesem Artikel nachzulesen, der sich mit einem sehr ernsten Plagiatsvorwurf an einen Kollegen zu diesem Thema befasst: https://www.bmartin.cc/dissent/documents/Magni17.pdf.

ist das, was einem mitgeteilt wird, auf den ersten Blick durchschaubar.[22] Deshalb wollen wir uns in diesem Abschnitt mit einer weiteren Definition "der" Rendite eines Projektes, genauer der Durchschnittsrendite, befassen. Es geht damit erneut um die Frage, wie man zweckmäßigerweise die Rendite eines Projektes definiert und wie diese Definition zu beurteilen ist.

DISKRETE UND LOG-RENDITEN   Die Attraktivität einer Geldanlage wird häufig dadurch illustriert, dass man deren Performance aus der Vergangenheit beschreibt. Dazu unterstellt man, dass die Renditen in der Vergangenheit zwar nicht zeitlich konstant waren, aber dennoch um einen "wahren (bisherigen) Wert" schwankten. Dann ist es nur noch notwendig, ausreichend viele vergangene Renditen zu ermitteln und man gewinnt so einen ersten Anhaltspunkt für die Vorteilhaftigkeit der Geldanlage. Zu diesem Zweck wollen wir annehmen, dass wir es im Folgenden mit einem Unternehmen oder Fonds zu tun haben, dessen Kurse in der Vergangenheit alle beobachtbar waren. Der Kurs eines Zeitpunktes t sei dann V_t und er umfasse der Einfachheit halber nicht nur den Kurs des Zeitpunktes, sondern auch eine eventuell gezahlte Dividenden oder Ausschüttungen.[23] t ist negativ, wenn es sich um vergangene Zeitpunkte handelt.

In der Zeitreihenanalyse existieren nun interessanterweise zwei Definitionen für vergangene Renditen. Beide wollen wir hier vorstellen.[24]

Definition 2.9. *Die* diskrete Rendite r^d *einer Investition V an einem Zeitpunkt t ist gegeben durch*

$$r_t^d := \frac{V_{t+1}}{V_t} - 1. \tag{7}$$

Die Log-Rendite r^l *einer Investition V an einem Zeitpunkt t ist gegeben durch*

$$r_t^l := \ln(V_{t+1}) - \ln(V_t). \tag{8}$$

Beide Definitionen erscheinen auf den ersten Blick überhaupt nicht denselben Sachverhalt abzubilden. Auch ist nicht klar, wozu man zwei Definitionen benötigt. Beide Fragen werden wir klären und zuletzt sollen die Eigenschaften beider Definition besprochen werden.

---

22. Der Gesetzgeber verpflichtet im Übrigen Fondsgesellschaften und Banken inzwischen zu dem Hinweis, dass eine gute Performance in der Vergangenheit nicht ohne Weiteres bedeutet, dass sich eine solche Entwicklung auch in der Zukunft fortsetzt.
23. An dieser Stelle sind viele Erweiterungen denkbar. So könnte man beispielsweise die Steuern mit einbeziehen. Wir werden dies hier nicht tun. Der Buchstabe V steht im Übrigen für "value".
24. Zinssätze gelten für Finanzanlagen, Renditen für Realinvestitionen. Um diesen (weniger formalen, eher inhaltlichen) Unterschied in den Begriffen deutlich zu machen, werden in diesem Skript Renditen mit r ("return") und Zinsen mit i ("interest") abgekürzt. Sehr viele Lehrbücher sind bei den Variablenbezeichnungen aber nicht so stringent. So findet man zum Beispiel für den risikolosen Zins gern das Symbol r_f ("risk free rate").

VERWANDTSCHAFT Wir wollen zuerst zeigen, dass beide Definitionen sehr eng mit-einander verwandt sind. Zu diesem Zweck werden wir die Definition (8) etwas ge-nauer unter die Lupe nehmen und mit Hilfe der Taylorreihen-Entwicklung umfor-men.[25] Zuerst gilt natürlich

$$r_t^l = \ln\left(\frac{V_{t+1}}{V_t}\right).$$

Wir entwickeln nun den Logarithmus auf der rechten Seite an der Stelle $x = 1$ in eine Taylorreihe 1. Ordnung (also nur bis zum linearen Term). Grundsätzlich gilt für jede beliebige Funktion $f(\cdot)$ nach Taylor

$$f(x) \approx f(1) + f'(1) \cdot (x - 1),$$

wenn x hinreichend nahe an der Zahl 1 ist. Diese Näherungsformel wenden wir an, wobei wir für $f(x) = \ln(x)$ den natürlichen Logarithmus einsetzen und $x = \frac{V_{t+1}}{V_t}$ sein soll. Dann ergibt sich

$$r_t^l = \ln\left(\frac{V_{t+1}}{V_t}\right) \approx \ln(1) + \frac{1}{1}\left(\frac{V_{t+1}}{V_t} - 1\right)$$
$$= \frac{V_{t+1}}{V_t} - 1 = r_t^d$$

Für Werte hinreichend nahe der eins sind also diskrete und Log-Rendite schwer un-terscheidbar. Das rechtfertigt es, je nach Anwendung die eine oder die andere Defini-tion zu verwenden.

TYPISCHE ANWENDUNGSGEBIETE Üblicherweise werden diskrete Renditen in Mo-dellen mit diskreter Zeit und Log-Renditen in Modellen mit stetiger Zeit angewandt. Dabei sprechen wir von einem Modell mit diskreter Zeit, wenn Handlungen (z.B. Ver-käufe, Käufe, Beschaffung von Informationen etc.) nur an bestimmten Zeitpunkten und keinesfalls zwischen ihnen stattfinden können. Einen solchen zeitlichen Verlauf haben wir in Abbildung 7 angedeutet. An jedem Zeitpunkt $t = 0, 1, \ldots$ kann eine In-vestorin ihr Portfolio neu gestalten, zwischen zwei Zeitpunkten ist sie jedoch zum Abwarten verdammt. Tritt nach $t = 0$ ein Ereignis ein, das für ihre Portfoliowahl relevant sein könnte (z.B. die Ankündigung einer Dividende), so muss sie bis $t = 1$ abwarten, um zu reagieren. Diese Art von Modellen lässt uns allerdings sehr viel Frei-heiten, wie lang eine Zeiteinheit zu sein hat. Dies können Jahre, Monate, aber auch Stunden oder gar Sekunden sein.

Von einem Modell mit stetiger Zeit sprechen wir, wenn Handlungen zu jedem (re-ellen) Zeitpunkt t, oft aus einem Intervall wie z.B. $[0, \infty)$ möglich sind. Hier kann also auf ein Ereignis in einem Zeitpunkt t sofort durch eine Handlung reagiert werden.

25. Siehe unser bereits mehrfach erwähntes Mathematik-Skript.

Man findet Modelle mit diskreter Zeit beispielsweise bei der Unternehmensbewertung und der Entscheidungstheorie; die stetige Zeit wird üblicherweise bei der Bewertung von Derivaten angewandt.

Abbildung 7: Modelle mit diskreter (links) und stetiger Zeit (rechts)

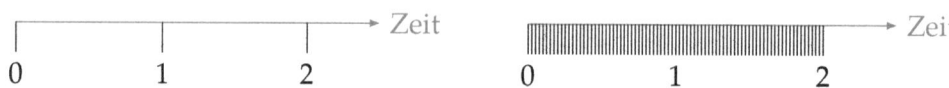

ZWECKMÄSSIGE DURCHSCHNITTSRENDITE Wir wollen nun die Frage aufwerfen, wie man für beide Renditedefinitionen zweckmäßigerweise Durchschnitte bildet. Diese Durchschnittsrendite soll dann das darstellen, was wir oben noch etwas unpräzise als "die" Rendite des Projektes bezeichnet hatten. Dazu fixieren wir mehrere aufeinander folgende Zeitpunkte $t = 0, 1, \dots, T$. Für jeden Zeitpunkt können wir mit Hilfe der Definition 2.9 oben eine diskrete und eine Log-Rendite (jedes Mal für einen Zeitraum der Länge 1) bestimmen. Diese Renditen könnten aber von einem Zeitpunkt zum nächsten stark schwanken. Wir wollen unter einer durchschnittlichen Rendite diejenige Zahl verstehen, die bei T-facher Anwendung auf *denselben Endwert* V_T führt.

Abbildung 8: Durchschnittsbildung über mehrere Zeitpunkte. Die Einzelrenditen r_0 bis r_2 weisen eine unterschiedliche Stärke auf (illustriert durch die Höhe der schwarz gezeichneten und markierten Pfeile), die zweckmäßige Durchschnittsrendite R ist dagegen konstant. Beide müssen zum selben Endwert führen.

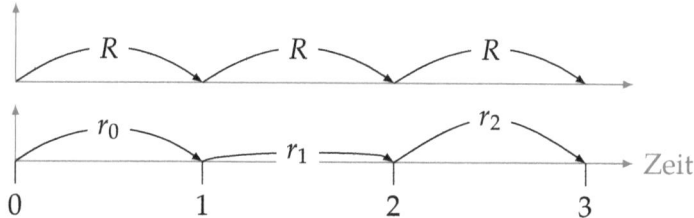

Abbildung 8 soll dieses Vorgehen illustrieren: Auf der einen Seite beobachten wir die tatsächlichen T Einzelrenditen r_0, r_1, r_2. Sie unterscheiden sich stark voneinander, was in der Abbildung durch ihren Abstand zur x-Achse symbolisiert werden soll. Man erkennt deutlich, dass zum Beispiel r_1 niedrig und r_2 hoch ausfiel. Die drei Renditen führen auf einen Endwert im Zeitpunkt 3. Wir verstehen unter einem Durchschnitt nicht ein beliebiges Vorgehen, bei dem man aus den drei Zahlen r_0, r_1, r_2 einen wie immer gearteten Durchschnitt bildet. Vielmehr soll die Durchschnittsrendite R so beschaffen sein, dass man bei gleichem Startwert zu dem Endwert gelangt, der sich auch bei r_0, r_1, r_2 einstellen würde. Es ist sicherlich sinnvoll, diese Durchschnittsrendite durch das Adjektiv "fair" oder "zweckmäßig" zu charakterisieren. Und nur eine solche zweckmäßige Durchschnittsrendite sollte bei Geldanlagen dann die "wahre bisherige Rendite" der Anlage darstellen.

Die durchschnittliche (einperiodige) diskrete Rendite über dem Zeitraum $[0,T]$ wollen wir mit dem Großbuchstaben R^d, die durchschnittliche (einperiodige) Log-Rendite über dem Zeitraum $[0,T]$ mit dem Großbuchstaben R^l bezeichnen. Für beide Renditen gilt nun folgender Zusammenhang.

Satz 2.10 (Diskrete und Log-Rendite). *Die zweckmäßige durchschnittliche Log-Rendite R^l ergibt sich aus dem arithmetischen Mittel der Einzelrenditen r_t^l.*

Die zweckmäßige durchschnittliche diskrete Rendite R^d ergibt sich dagegen aus dem geometrischen Mittel der Einzelrenditen r_t^d. Dabei sind aber die Einzelrenditen und die faire Durchschnittsrendite für die Berechnung noch um Eins zu erhöhen.

Wir sehen an dem Satz deutlich, dass sich diskrete und Log-Rendite sehr unterschiedlich verhalten, wenn wir mehrere Zeiträume im Blick haben. Wollen wir hier zweckmäßige Durchschnitte bilden, so müssen wir sehr genau darauf achten, welche Form der Definition wir gewählt haben. Bei diskreten Renditen müssen wir uns des geometrischen Mittels bedienen, während bei Log-Renditen das arithmetische Mittel Anwendung finden kann. Abbildung 9 fasst das bisher gesagte zusammen.

Abbildung 9: Übersicht über die beiden Renditedefinitionen

Zeit	diskret	stetig
Rendite	diskret	Log
fair Durchschn.	geometr.	arithmet.
Anwendung z.B.	Unternehmens-bewertung	Options-bewertung

Beweis: Wir beginnen mit dem Fall der diskreten Zeit. Der Startwert unseres Vermögens sei der Einfachheit halber 1. Dann beträgt unser Endvermögen nach T Perioden

$$V_T = 1 \cdot (1 + r_0^d) \cdot (1 + r_1^d) \cdots (1 + r_{T-1}^d).$$

Wir suchen nun eine dazu passende zweckmäßige Durchschnittsrendite, die wir mit R^d bezeichnen wollen. Diese Durchschnittsrendite soll so bemessen sein, dass wir bei einer Anwendung über T Perioden ein identisches Endvermögen erhalten. Das bedeutet

$$V_T = 1 \cdot (1 + R^d)^T.$$

Daraus folgt sofort

$$1 + R^d = \sqrt[T]{(1 + r_0^d) \cdot (1 + r_1^d) \cdots (1 + r_{T-1}^d)}$$

und das war die Behauptung.

Der Fall der stetigen Rendite ist genau so einfach. Zuerst einmal gilt

$$V_T = \frac{V_T}{V_{T-1}} \cdot \frac{V_{T-1}}{V_{T-2}} \cdot \frac{V_{T-2}}{V_{T-3}} \cdots \frac{V_1}{1},$$

weil sich die eingefügten Zwischenwerte kürzen. Die Anwendung des Logarithmus auf beiden Seiten liefert

$$\ln\left(V_T\right) = \ln\left(\frac{V_T}{V_{T-1}}\right) + \ln\left(\frac{V_{T-1}}{V_{T-2}}\right) + \ldots + \ln\left(\frac{V_1}{1}\right) = \sum_{t=0}^{T-1} r_t^l.$$

Rechts steht damit die Summe der Log-Renditen.

Wie sieht die dazu passende (zweckmäßige) Durchschnittsrendite aus, die mit dem Symbol R^l gekennzeichnet werden soll? Wir haben vor, mit Hilfe dieser Durchschnittsrendite auf denselben Wert von $\ln\left(V_T\right)$ zu gelangen. Da wir T Zeitperioden betrachten, müssen wir die Durchschnittsrendite insgesamt T mal addieren. Es soll also gelten

$$\ln\left(V_T\right) = \sum_{t=0}^{T-1} r^l = T \cdot R^l.$$

Daraus folgt dann

$$R^l = \frac{1}{T} \sum_{t=0}^{T-1} r_t^l$$

und das war zu zeigen. ∎

EIN BEISPIEL EINER UNZWECKMÄSSIGEN DURCHSCHNITTSBILDUNG Man könnte glauben, dass wir auf Grund der Ähnlichkeit der beiden Renditen keinen allzu großen Fehler begehen, wenn wir arithmetisches oder geometrisches Mittel miteinander verwechseln. Schließlich sind die Renditen ungefähr gleich groß und das dürfte dann auch auf den zweckmäßigen Durchschnitt (wie immer man ihn berechnet) zutreffen. Der Zinseszinseffekt sorgt dafür, das dem nicht so ist und hier könnten Anleger maßgeblich getäuscht werden. Um das zu verdeutlichen, wollen wir ein konkretes Beispiel vorstellen.

Denken Sie an den Fall, bei dem eine Geldanlage über zwei Perioden folgende Wertentwicklung aufweist. In $t = 0$ starten wir mit $V_0 = 100$, um dann den Wert der Investition in $t = 1$ auf $V_1 = 200$ zu verdoppeln. Danach soll er in $t = 2$ wieder auf $V_2 = 100$ fallen. Wenn wir die Anlage über beide Perioden gehalten haben, so gab es in der Zwischenzeit eine lukrative Wertveränderung, die aber in der zweiten Hälfte der Haltedauer komplett zunichte gemacht wurde. Wie kann diese Entwicklung mit Hilfe von diskreten Renditen beurteilt werden?

Diese Renditen lauten ja $+100\%$ für die erste und -50% für die zweite Periode. Wer nun aus diesen beiden den arithmetischen Durchschnitt bildet, könte behaupten, dass die Investition "durchschnittlich 25% Rendite über zwei Jahre" erzielt hat, obwohl ein Anleger am Ende nicht einen einzigen Cent gewonnen hat! Ein ehrlicher Fondsmanager würde nicht den arithmetischen, sondern den geometrischen Durchschnitt diskreter Renditen bilden und dann erhielte er

$$\sqrt{(1 + r_0^d)(1 + r_1^d)} = 1 + R^d$$
$$\sqrt{(1 + 100\%)(1 - 50\%)} = 1 + 0\%.$$

Die darauf folgende Aussage, dass die Geldanlage "im Durchschnitt 0% Rendite über zwei Jahre" erwirtschaftet hat, entspricht auch dem, was wir auf den ersten Blick beobachtet haben.

Wer unbedingt auf der Anwendung des arithmetischen Mittels besteht, muss die Log-Renditen verwenden. Die Log-Renditen beider Perioden betragen

$$r_0^l = \ln\left(\frac{200}{100}\right) = 69{,}31\%, \quad r_1^l = \ln\left(\frac{100}{200}\right) = -69{,}31\%$$

und der Durchschnitt beider Werte ist ganz offensichtlich gleich Null.

Wer also Durchschnittsrenditen zur Analyse einer vergangenen Entwicklung heranzieht, sollte sichergehen, dass dieser Durchschnitt fair und zweckmäßig gebildet wurde. Wer mit diskreten Renditen rechnet, muss das geometrische Mittel verwenden. Wer Log-Renditen verwendet, nutzt das arithmetische Mittel. Wer beide Formen mischt, erhält keine brauchbaren Aussagen zum Durchschnitt.[26]

2.7 EXKURS: WAS KENNZEICHNET "GUTE" ÖKONOMISCHE MODELLE?

> **Lernziel:** Wir lernen, dass ein gutes ökonomisches Modell immer auf unrealistischen Annahmen beruht.

Im Folgenden werden wir uns mit einer ökonomischen Theorie auseinander setzen. Oft spricht man auch von einem Modell, und im Fall des nächsten Abschnittes ist es nach seinem Begründer, dem amerikanischen Ökonomen Irving Fisher, benannt. Bevor wir uns mit den Details einer solchen Theorie auseinander setzen wollen wir etwas ausführlicher auf die Frage eingehen, welche Modelle in der Ökonomie einen gewissen Bekanntheitsgrad erhalten haben und wann die Wissenschaftlerinnen ein solches Modell als "erfolgreich" ansehen.

---

26. Praktische Konsequenzen dieser falschen Durchschnittsbildung werden ausführlich in dem Artikel von Eric Hughson, Michael Stutzer und Chris Yung, "The Misuse of Expected Returns", *Financial Analysts Journal*, Vol. 62 (2006), S. 88-96, diskutiert.

EIN MEDIZINISCHES BEISPIEL   Stellen wir uns vor, es ist Winter und hat ordentlich geschneit und Sie verlassen hektisch das Haus, weil Sie anderenfalls zu spät zu meiner Vorlesung kommen. Sie stürzen vor der Haustür, weil entgegen den Vorschriften des Berliner Straßenreinigungsgesetzes bei Ihnen nicht korrekt gekehrt wurde, dabei stützen Sie sich vergeblich mit dem linken Arm ab, fallen dennoch hin – und nun schmerzt dieser Arm auf einmal, sobald Sie ihn leicht bewegen. Also gehen Sie zu einem Arzt und nicht in die Universität.

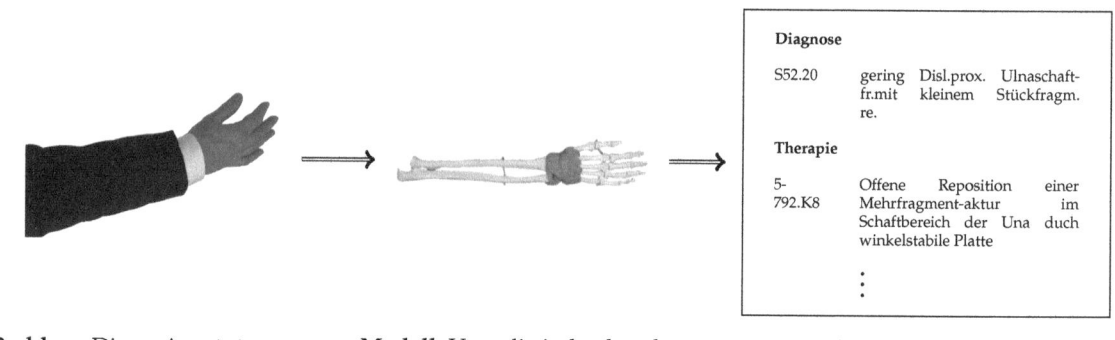

Problem: Dieser Arm tut weh, alles sehr realistisch

Modell: <u>Unrealistisch</u>, aber das wesentliche wird dargestellt

Anwendung: Bericht einer erfolgreichen Operation der Ulnaschaft

Abbildung 10: Unrealistische Modelle in der Medizin, die gerade deshalb sehr hilfreich sind.

Jetzt werden wir mit einer merkwürdigen Situation konfrontiert. Was würden Sie denken, wenn der Arzt auf Ihre Frage, was denn mit dem Arm los sei, wie folgt antwortet:

"Wenn Ihr Arm schmerzt, kann das sehr viele Ursachen haben:

- Sie könnten eine Sehnenentzündung haben, weil Sie zu viel Sport getrieben haben.

- Armschmerzen können ein Zeichen für ausstrahlende Herzschmerzen sein, die beispielsweise von einem Herzinfarkt herrühren.

- Es ist auch denkbar, dass Sie ein Karzinom im Arm entwickelt haben, das jetzt metastasiert.

Alle drei Dinge sind denkbar."

Offensichtlich redet der Arzt Unsinn, denn es ist klar, dass Sie sich vermutlich einen der Knochen im Unterarm (möglicherweise den Speichenknochen, auch Radius genannt, oder den Ellenknochen, auch Ulna genannt) gebrochen haben. Wieso wissen Sie das?

Hierzu betrachten wir das medizinische Modell eines Unterarmes, das oben abgebildet ist. Wir erkennen dort zwei stilisierte Unterarmknochen, die den Aufbau jedes Unterarmes beschreiben. Beim Sturz könnten beide oder einer der beiden Knochen beschädigt worden sein. So etwas prüft man, indem man den Unterarm röntgt.

Aber unser merkwürdiger Arzt gibt nicht auf. Er antwortet auf Ihre Kritik, Sie seien sich sicher Sie hätten eine Unterarmfraktur, mit mehreren "Gegenargumenten":

1. Auf dem Bild ist ein rechter Arm zu sehen, bei Ihnen schmerzt der linke.

2. Das ist der Arm eines Mannes, Sie sind eine Frau (oder umgedreht).

3. Dieser Unterarm sei viel kleiner als der, den Sie haben. Das Bild passt in der Größe gar nicht.

4. Sie sind tätowiert, diese Tattoos fehlen beim Modell.

5. Ihr Ehering am Ringfinger ist vergessen worden.

6. ... (Sie glauben mir, dass ich diese Liste beliebig fortsetzen könnte)

Schauen wir uns an, was wir getan haben und warum diese "Gegenargumente" alle unsinnig sind. Und betrachten wir, welche Konsequenzen das für unsere Überlegungen hat.

Zuerst einmal hat unser Arzt offensichtlich nicht verstanden, dass er für die Antwort auf Ihre Frage abstrahieren muss. Will man "verstehen", was mit Ihrem Arm passiert ist, schaut man nicht zuerst direkt auf den Arm, sondern verschafft sich erst ein Bild der Gesamtsituation und hat gleichzeitig eine Vorstellung davon, womit man es zu tun hat. Dabei wird immer abstrahiert und das heißt nicht anderes als dass man Dinge weglässt. Das macht ein Arzt nicht, der Ihnen alle denkbaren Gründe für Armschmerzen aufzählt, ohne zu überlegen, was plausibel ist und was man im ersten Schritt erst einmal ausschließen sollte.

Für diejenigen unter Ihnen, die denken, dass ein solcher Unsinn in unseren ökonomischen Seminaren nie passiert, möchte ich zurufen: Leider weit gefehlt. Ich habe es sehr oft erlebt, dass bei Erklärungsversuchen für ökonomische Sachverhalte Studentinnen und Studenten mir alles mögliche, was ihnen gerade in den Sinn kam, aufzählten – so wie der Arzt oben. Teilweise wurde die Aufzählung dann mit den Worten beendet "Es gibt viele Gründe, warum (zum Beispiel) der durchschnittliche Marktzins immer größer als der risikolose Zins ist". Sicherlich ist das so, es gibt ja auch viele Gründe, warum Ihr Arm schmerzt. Aber der wichtigste und, um im Bild zu bleiben, der hervorstechende, ist doch der mögliche Bruch des Unterarmknochens?! Wer nur mit Floskeln wie "alles liegt an vielen Ursachen" arbeitet, erklärt am Ende gar nichts. Genau das wollen wir mit unseren ökonomischen Theorien vermeiden.[27]

27. Eine aktuelle Kritik aus der Süddeutschen Zeitung: "Ein Verbraucher zum Beispiel lebt im Modell ewig, er ist bestens informiert und macht seinen Konsum über die Zeit von der Höhe der Zinsen abhängig. Mit dem tatsächlichen Verhalten der Menschen hat diese Vorstellung vom rational optimierenden Wirtschaftssubjekt nichts zu tun", Quelle https://www.sueddeutsche.de/wirtschaft/volkswirtschaftslehre-was-ist-bloss-los-mit-der-oekonomie-1.3203723. Das ist richtig, aber das tatsächliche Verhalten aller Menschen (in Deutschland) soll auch gar nicht untersucht werden. Der Autor gibt sich wenigstens im selben Artikel die Mühe, diese Kritik etwas zu relativieren.

Wir können aber noch mehr aus diesem Beispiel lernen. Wenn man auf das Bild des Unterarmes schaut, so handelt es sich um ein *Modell*. Ein Modell bildet die Realität ab, in diesem Fall die eines typischen Unterarmes. Es sind genau die Dinge, die der merkwürdige Arzt in seinen "Gegenargumenten" ausführlich aufführt:

- Linker und rechter Arm sind symmetrisch, also genügt es, sich einen anzuschauen. Man benötigt nicht beide.

- Was den Knochenbau der Unterarme angeht, unterscheiden sich Männer und Frauen nicht. Also muss man das Geschlecht an dieser Stelle nicht betrachten und kann davon abstrahieren.

- Unterarmknochen sind skaliert; kleine Menschen haben entsprechend kleinere Knochen. Es genügt, sich eine typische Größe herauszupicken und weiß dann, wie der Unterarm funktioniert.

- Wie die Haut, die Haare und Ihre Augenfarbe aussehen, spielt für den Unterarmknochen keine Rolle. Das gilt auch für mögliche Ringe, die Sie an den Fingern tragen (sofern Sie es nicht massiv übertreiben).

Für die Frage, was beim Sturz mit dem Arm passiert ist, genügt es, sich eines einfachen Modells eines Unterarms zu bedienen – so wie das, was Sie oben sehen. Das Modell ist abstrakt, lässt vieles weg und kann genau deshalb helfen, sich auf das wesentliche zu konzentrieren. Genau das wollen wir tun, um zu verstehen, was die Höhe des risikolosen Zinses beeinflusst.

Was lernen wir aus dem medizinischen Modell? Wir lernen etwas, was sich die eine oder andere in der Ökonomie stärker vor Augen führen sollte: Wir müssen abstrahieren und wir brauchen eine klare Idee, wo wir unsere Erklärung suchen. Genau so, wie der Arzt sich lächerlich macht mit seinen Gegenargumenten, die alle am Kern des Problems vorbeizielen, müssen wir fokussieren. Wer die Höhe des risikokolosen Zinses erklären will, soll zuerst einmal nicht auf die Details des Steuerrechts in dem betrachteten Land eingehen ("wie hoch sind Freibeträge bei Zinseinnahmen und spielt eine Rolle, ob man getrennt lebt?"); man wird die Frage, ob das Land dicht bevölkert ist oder ob dort wenig Menschen auf der Fläche leben, ignorieren; wahrscheinlich wird auch die Verteilung des Vermögens in der Bevölkerung erst einmal nicht erklären können, warum der risikolose Zins so hoch ist, wie er ist – und die Liste der Dinge, auf die wir nicht schauen, ließe sich fortsetzen.

NOCH EIN PHYSIKALISCHES BEISPIEL Ein weiteres Beispiel aus der Physik möge diese Überlegungen ergänzen. Die klassische Mechanik erläutert aufbauend auf den Newtonschen Axiomen, wie sich die Bewegung von Körpern durch Krafteinwirkung erklären lässt. Wenn beispielsweise auf einen Körper keine Kraft wirkt und er still steht, dann verharrt er in dieser Position.

In der Netwonschen Mechanik versucht man sich auf die Wechselwirkung von Kraft und Bewegung zu konzentrieren und ignoriert alle anderen Effekte. Anders gesagt: Man konzentriert sich auf das Wesentliche der Beziehung Kraft-Bewegung-Beschleunigung. Wieder ist nicht wichtig, dass möglichst viel oder alles erklärt wird, sondern das man sich auf einen Effekt oder einen Zusammenhang konzentriert und alles störende weglässt.

So kommt nichts in unserer Umwelt ohne Reibung aus. Wir könnten weder bremsen, noch stehen bleiben, schwimmen, rutschen oder gar laufen. Reibung begleitet uns tagein, tagaus. Dennoch ist sie nirgends in der Newtonschen Mechanik erwähnt – und das nicht, weil sie man sie ignorieren kann (das kann man gerade nicht!), sondern weil sie uns im ersten Schritt daran hindern würde, den Zusammenhang zwischen Bewegung und Kraft zu verstehen. So geht es uns auch mit erfolgreichen ökonomischen Theorien. Dort werden viele Dinge nicht deshalb weggelassen oder ignoriert, weil man sie für nicht wichtig hält, sondern weil man einen Zusammenhang erst einmal in seiner idealen Form präsentieren möchte und alles, was man weglässt, diesen Zusammenhang verschleiern würde.

Die Leistungsfähigkeit dieser Theorie leitet sich also *nicht* aus der Tatsache ab, dass diese Annahmen besonders realistisch sind. Gerade das Gegenteil ist der Fall: Würde man mit realistischen Annahmen beginnen, so müssten ja alle Umstände Erwähnung finden und man würde sich in endlosen Details verlieren – vermutlich zudem ohne ernsthafte Chancen, das gewünschte Ergebnis zu erhalten.[28] In einer Theorie muss man vielmehr abstrahieren, Details ausblenden und sich auf das Wesentliche konzentrieren, vereinfachen. Die Stärke einer Theorie sind also nicht die realistischen Annahmen, die in ihr unterstellt werden – eine gute Theorie zeichnet sich vielmehr darin aus, dass sie in der Lage ist, die interessierenden Sachverhalte aus wenigen Annahmen herzuleiten. Und das ist etwas völlig anderes. Beachten Sie bitte diese Regel und verzichten Sie auf den typischen ersten Satz in jedem Würdigungskapitel, der da lautet

~~"Die Annahmen dieses Modells werden als zu unrealistisch kritisiert…"~~

Zweckmäßig gewählte Annahmen sind immer unrealistisch, wie auch das Modell eines Unterarmes unrealistisch ist. Nützlich ist es trotzdem.[29]

---

28. Nehmen wir nur die klassische Theorie von Angebot und Nachfrage. Normalerweise gilt: Je billiger, je höher die Nachfrage. Es gibt aber sicherlich eine Reihe von Produkten, die, wenn besonders billig angeboten, den potentiellen Kunden als Fälschung erscheinen und dann gerade nicht nachgefragt werden. Denken Sie an hochwertige Uhren oder Mode. Wenn Sie all dies von vornherein in Ihre Angebots-Nachfrage-Theorie einbauen wollen, kommen Sie nie zu einem brauchbaren Ergebnis.

29. Diesen Gedanken hat Milton Friedman in seiner Arbeit "The Methodology of Positive Economics" (Essays In Positive Economics, Chicago: Univ. of Chicago Press, 1966, S. 3-16, 30-43) ausführlich dargelegt.

EINE ANMERKUNG ZUR DIDAKTIK Allerdings muss man auch feststellen, dass nicht immer die didaktischen Fähigkeiten eines jeden Dozenten so ausgeprägt sind, diese Vorteile einer ökonomischen Theorie unmittelbar zu erkennen. Ich möchte dies an dem Beispiel des berühmten Asset Pricing Modells von Robert Lucas illustrieren.[30] Es gibt durchaus das eine oder andere Lehrbuch, dass dieses Lucas Modell mit der Veranschaulichung der "tree economy" einführt:[31]

> "Das einzige dauerhafte Gut in der Wirtschaft ist eine Reihe von identischen Bäumen, einer für jede Person in der Volkswirtschaft. Zu Beginn der Periode t bringt jeder Baum Früchte hervor. Die Früchte sind nicht lagerfähig (sie verrotten!), aber der Baum ist vollkommen haltbar. Jeder Akteur beginnt sein Leben zum Zeitpunkt Null mit einem Baum."

Was an diesem Zitat so ärgerlich ist: Nach nur wenigen Rechnung werden Ergebnisse dieses Baummodells auf einmal mit "Marktrisikoprämie" und "Risikoaversion" sowie "Konsumwachstum in einer Volkswirtschaft" in Verbindung gebracht. Wer nur die Illustration gelesen hatte, wähnte sich aber vermutlich in einem forstwirtschaftlichen Lehrbuch, das vielleicht den Anbau von Mangobäumen auf freiem Feld behandelt, nicht aber bei der Diskussion eines ausdifferenzierten Finanzmarktes: Wieso sind Bäume ein gutes Gleichnis für Aktien und wieso kann man Dividenden mit verrottenden Früchten gleichsetzen?! Und was haben Mangos mit dem Konsumwachstum einer Gesellschaft zu tun?

Das der Nobelpreisträger Lucas sein Modell so illustriert, ist nachvollziehbar – er war schließlich der erste, der für dieses Modell "Werbung" machen musste. Das aber fünfzig Jahre später immer noch dieselben eher hilflosen didaktischen Elemente verwendet werden, ist einfach unzureichend. Und dabei ist das Lucas-Modell eines der erfolgreichsten Arbeitspferde der modernen Makroökonomie. Nur muss man es dann auch so vorstellen und vor allem muss man, wie oben bei dem Unterarm oder der Newtonschen Mechanik geschehen, erklären, was dieses Modell eigentlich leisten soll. Die Leserin muss verstehen, welches Phänomen oder welcher Effekt in einer Theorie eigentlich abgebildet werden soll. Beim Lucas Modell geht es mitnichten um Früchte, die verrotten können.[32] Wenn man einer Leserin nicht erklären kann, wozu man diese Theorie überhaupt in einer Veranstaltung erwähnt, kann man jede Diskussion über die Annahmen dieser Theorie getrost sein lassen. Dass dies eine didaktische Herausforderung darstellt, wird jeder bestätigen, der schon einmal ein paar Semester Ökonomie studiert hat.

---

30. Das Modell wird beispielsweise in der Vorlesung "Kapitalmarkttheorie" behandelt.
31. Dieses Zitat ist aus einem aktuellen (amerikanischen) Lehrbuch und Sie haben sicherlich Verständnis dafür, dass ich die Quelle weglasse.
32. Das Lucas Modell will abbilden, wie unsere (zukünftigen) Konsumwünsche Einfluss auf unser Handeln an Finanzmärkten nehmen – und wenn dies der Fall ist, dann muss es einen beobachtbaren Zusammenhang zwischen unserem Konsum in einer Gesellschaft und den Renditen an den Finanzmärkten geben. Mehr in der Vorlesung "Kapitalmarkttheorie".

> **Lernziel:** Im Fisher-Modell wird gezeigt, dass die Höhe des risikolosen Zinssatzes mit der Zeitpräferenzrate der Investoren übereinstimmt. Zudem erkennen Sie, dass Konsum- und Investitionsentscheidung voneinander separierbar sind.

DEFINITIONEN, ANNAHMEN UND THEOREME Studenten der Ökonomie neigen (vor allem in Bachelor-, Master- und Seminararbeiten) dazu, die Bedeutung von Annahmen und Theoremen falsch einzuschätzen. Es empfiehlt sich daher, vor der Darstellung von Fishers Theorie des Zinses eine kurze Einführung in die verwendeten Begriffe zu geben, auch wenn einige von ihnen bereits Verwendung fanden. Jede Theorie besteht aus folgenden Elementen:

Annahmen (auch Axiome genannt). Annahmen sind Aussagen, deren Wahrheitsgehalt in der Theorie vollkommen unbestritten ist. Axiome sind immer wahr. So geht man bei Fishers Theorie beispielsweise davon aus, dass die Investoren sich so verhalten, als ob sie Nutzenfunktionen maximieren.

Annahmen bzw. Axiome sind häufig so formuliert, dass ein unmittelbarer empirischer Test nicht so einfach möglich ist.

Definitionen Definitionen führen einen Begriff auf andere Begriffe zurück. Sie sind daher immer wahre Aussagen. Bezüglich einer Definition (wie auch bei Annahmen) kann man nur davon sprechen, dass sie zweckmäßig oder unzweckmäßig ist.

Theorem (auch Satz, Proposition, Lemma, Korollar). Dies sind Aussagen, deren Wahrheitsgehalt sich aus Annahmen ergibt. Wenn also Annahme A erfüllt ist, dann gilt auch Theorem T.[33]

Beweise Sie dienen dazu, aus Axiomen mit logischen Schlüssen Theoreme zu beweisen. Sie enden häufig mit speziellen Zeichen (beispielsweise einem Quadrat □) oder den Abkürzungen w.z.b.w. (*was zu beweisen war*) sowie q.e.d. (*quod erat demonstrandum*).

Die klassische (Newtonsche) Mechanik soll uns hier wieder als Beispiel dienen. Ausgangspunkt dieser Theorie sind die so genannten *Newtonschen Axiome*, in denen von Isaac Newton mehrere Aussagen über den Zusammenhang von Kraft, Masse und Geschwindigkeit beschrieben werden. Der Begriff der Beschleunigung wird in der

---

33. Wenn es ein zentrales Theorem in einer Theorie gibt, so nennt man kleine (nicht so bedeutende) Aussagen *vor* dem Beweis des Theorems "Lemma", kleine Aussagen *nach* dem Beweis des Theorems "Korollar". Proposition, Satz und Theorem sind Synonyme.

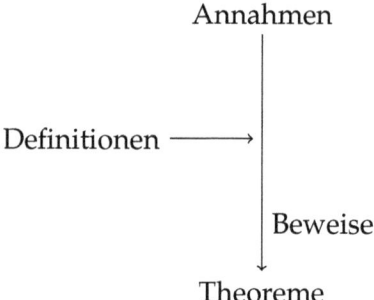

Newtonschen Theorie aufbauend auf der Geschwindigkeit *definiert*: Beschleunigung ist die erste Ableitung der Geschwindigkeit. Die Aussage zur Impulserhaltung stellt ein *Theorem* dar: Ohne Krafteinwirkung bleibt die Geschwindigkeit konstant. Dieses Theorem wird konkret mit dem zweiten Newtonschen Axiom (auch Aktionsprinzip genannt) bewiesen.

FISHERS THEORIE DES ZINSES   Wir wenden uns jetzt Fishers Theorie des Zinses zu. Fisher hatte dabei zwei Probleme vor Augen, die er lösen wollte:

1. Fisher war nicht der erste Ökonom, der sich mit der Frage beschäftigte, was die Höhe eines Zinssatzes beeinflusst. Die damals vorherrschende Meinung war, dass der *Ausgleich von Angebot und Nachfrage* nach Geld den gleichgewichtigen Zinssatz ergeben. Man konnte sich schnell einigen, wie sich das Geldangebot bestimmt: Dies ist im Wesentlichen durch das Monopol der Zentralbank bestimmt. Dagegen war keineswegs klar, durch welche Faktoren die Nachfrage nach Geld charakterisiert wird. Geld ist ein besonderes Gut, das nur mittelbar dem Konsum dient und von den Investoren eher als Tauschmittel und dann immer nur indirekt nachgefragt wird – niemand hortet Geld des Geldes wegen. Wie soll man dann einen Zinssatz bestimmen, wenn es für die Geldnachfrage keine vernünftige Intuition gibt?

   Fisher erkannte, dass man zur Beantwortung dieser Frage völlig neue Wege beschreiten musste. Er entwickelte die Idee, dass die Zeitpräferenz der Investoren (also ihre Neigung, ob sie eher heute oder lieber erst morgen konsumieren wollen) für die Höhe des Zinssatzes verantwortlich ist – und eben nicht Angebot und Nachfrage nach Geld! Der Zins richtet sich also danach, wie stark wir heutigen Konsum dem Konsum morgen vorziehen.

2. In einer Marktwirtschaft zeichnen sich Kapitalgesellschaften dadurch aus, dass Eigentümer (zum Beispiel Aktienbesitzer) und Geschäftsführung (zum Beispiel ein Vorstand einer Aktiengesellschaft) verschiedene Personen sind. Fisher warf

Abbildung 12: Hier ein typischer Auszug aus einem zeitgenössischen Lehrbuch, Hermann Stötzer, *Waldwertrechnung und Forstliche Statik*, Frankfurt/M. 1894 (Nachdruck 1921). Stötzer führt neben der "Sicherheit der Kapitalanlage" und den "Annehmlichkeiten in Bezug auf die Einnahmen" einen dritten Bestimmungsgrund des Zinsfußes ein: Angebot und Nachfrage.

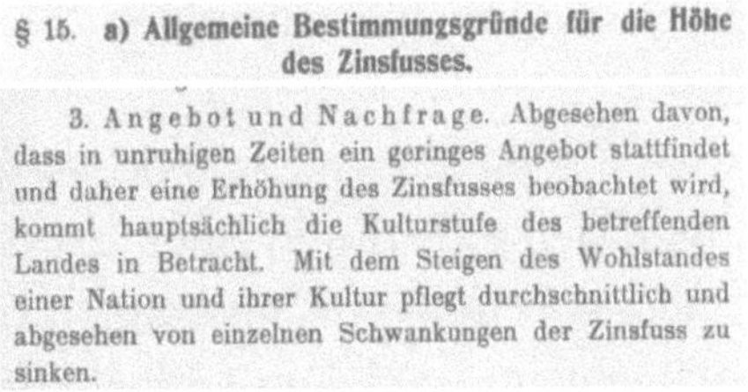

§ 15. **a) Allgemeine Bestimmungsgründe für die Höhe des Zinsfusses.**

3. A n g e b o t u n d N a c h f r a g e. Abgesehen davon, dass in unruhigen Zeiten ein geringes Angebot stattfindet und daher eine Erhöhung des Zinsfusses beobachtet wird, kommt hauptsächlich die Kulturstufe des betreffenden Landes in Betracht. Mit dem Steigen des Wohlstandes einer Nation und ihrer Kultur pflegt durchschnittlich und abgesehen von einzelnen Schwankungen der Zinsfuss zu sinken.

die Frage auf, wie man denn sicher sein kann, dass die Geschäftsführung eines Unternehmens im Sinne der Eigentümer handelt, wenn es doch wichtige Informationen über diese Eigentümer und vor allem ihre Konsumneigungen und Präferenzen nicht besitzt. Wird eine Geschäftsführung, die über Investitionen entscheidet, immer im Sinne der Eigentümer handeln oder ist dies an gewisse Bedingungen geknüpft? Wieso können Investitions- und Konsumentscheidungen überhaupt getrennt und von verschiedenen Menschen vorgenommen werden?

Die Antwort auf diese Frage kennt man heute unter dem Namen *Fishers Separationstheorem*.

FISHERS MODELL   All diese Überlegungen wollen wir jetzt in einem formalen Modell herleiten. Hierzu sind mehrere Annahmen notwendig.

Wir unterstellen mehrere Zeitpunkte, weil nur dann überhaupt Zinsen anfallen. Wir betrachten ein Investitionsprojekt, weil wir daran diskutieren wollen, dass Konsum- und Investitionsentscheidungen getrennt werden können. Wir werden einen sicheren Kapitalmarkt voraussetzen, weil wir die Zinshöhe dieses Kapitalmarktes ja erklären wollen.[34]

Zuletzt nimmt Fisher an, dass die Individuen ein bestimmtes Verhalten aufweisen, wenn sich Preise und das Einkommen ändern. Beispielsweise wissen wir, dass Konsumenten bei steigenden Preisen eines Gutes normalerweise weniger erwerben werden. Gleiches gilt, wenn sich Ihr Einkommen erhöht: Ihr Konsum wird höchstwahrscheinlich steigen. Ähnliche, allerdings weitaus kompliziertere Aussagen kann man formulieren, wenn der Konsum nicht eines, sondern mehrerer Güter untersucht wird. Unbewusst halten wir also anscheinend eine Reihe von Regeln ein, nach denen sich unser Konsumverhalten richtet. Diese Aussage soll nicht bedeuten, dass wir in

---

34. Unsichere Investitionen schließen wir hier aus. Das ist in der Tat eine Einschränkung, die dann im Lucas-Modell aufgehoben wird. Durch die Unsicherheit entstehen neue Probleme, die über das Fisher-Modell hinausgehen.

der Lage wären, beispielsweise die Einkäufe, die Sie morgen tätigen wollen, vorherzusagen: Wir wissen nicht, ob Sie lieber Vanilleeis oder Schokolade im Supermarkt erwerben werden. Aber scheint es stabile "Muster" zu geben, denen unser Kaufverhalten folgt. In der Mikroökonomie pflegt man alle diese Regeln dadurch zusammenzufassen, dass man von der Existenz einer "Nutzenfunktion" ausgeht. Was ist darunter zu verstehen?

Mikroökonomen wie auch Finanzierer sind der festen Überzeugung, dass Konsumverhalten von Investoren sich grob durch einen mathematischen Apparat nachbilden lässt. Anders gesagt: Die von Ihnen nachgefragten Güter sind nicht von Tag zu Tag willkürlich und ohne Regel zusammengestellt, sondern folgen einer gewissen Regularität. Dieselbe Regularität entsteht, wenn man einen "Nutzen" (also eine mathematische Funktion) dieser Gütermengen errechnet und diese Funktion dann maximiert. Der Vorteil einer Nutzenfunktion besteht darin, dass wir damit präzisere quantitative Aussagen treffen können, als wenn wir es bei einer eher verbalen Beschreibung belassen.

Wer einmal akzeptiert, dass sich menschliches Konsumverhalten durch Nutzenfunktionen nachbilden lässt, müsste jetzt eine Fülle weitergehender Fragen beantworten: Kann man für konkrete Menschen deren Nutzenfunktionen ermitteln? Ändern sich die Nutzenfunktionen in der Zeit? Wenn ich meine Nutzenfunktion ermittelt habe, kann ich sie beeinflussen oder bin ich ihr "ausgeliefert"? All diese Fragen sind wichtig und leider ist es so, dass derzeit erst ein Bruchteil davon beantwortet werden kann. Insbesondere werden wir in dieser Vorlesung darauf nicht weiter eingehen können.[35]

Wir werden im Folgenden also unterstellen, dass die Investoren Nutzenmaximierer sind. Die dazugehörige Nutzenfunktion werden wir als bekannt voraussetzen und sie für die Konsummengen $C_0, C_1, \ldots, C_T$ mit $U(C_0, C_1, \ldots, C_T)$ bezeichnen.[36] Fisher nimmt weiter an, dass die Märkte vollkommen sind. Darunter verstehen wir, dass Soll- und Habenzinsen identisch sind. Die Finanzmärkte sollen zudem reibungsfrei sein. Damit ist gemeint, dass wir neben der Vollkommenheit keine Transaktionskosten und keine Steuern berücksichtigen werden.

Annahme 2.11 (Fishertheorem)**.** *Wir setzen voraus:*

1. *Es gibt mehrere Zeitpunkte.*

2. *Ein Investor verfügt über ein Investitionsprojekt, das I_0 kostet und sichere Cashflows in Höhe von CF_t generiert.*

3. *Der Investor kann am Kapitalmarkt Geld zum Zins i (unbeschränkt und ohne Transaktionskosten) anlegen oder borgen.*

---

35. Derartige Fragen werden üblicherweise in der "Entscheidungstheorie" und "Behavioral Finance" diskutiert.
36. Der Buchstabe U steht für die englische Bezeichnung des Nutzens, "utility".

4. Der Investor soll eine Nutzenfunktion besitzen.

Der Investor hat Basiszahlungen in Höhe von M_t unabhängig von diesem Projekt zu leisten. Die Konsumzahlungen in der Nutzenfunktion werden wir mit C_t bezeichnen.

Um Fishers Separationstheorem in unserem Modell herzuleiten, betrachten wir einen Eigentümer eines Unternehmens, der eine Nutzenfunktion U besitzt und seinen Konsum maximieren möchte. Er steht vor dem Entscheidungsproblem, eine Investition ausschließlich danach zu beurteilen, ob sie sein Nutzenniveau erhöht. Dazu löst er das Maximierungsproblem der folgenden Art (wir gehen jetzt davon aus, dass sein Endvermögen null beträgt und er das Unternehmen in T beendet)

$$\max U(C_0, C_1, C_2, \ldots, C_T), \tag{9}$$

$$
\begin{aligned}
K_0 &= M_0 - C_0 - I_0, \\
K_t &= M_t - C_t + CF_t + (1+i) \cdot K_{t-1} \qquad \forall\, t,\, 0 < t < T, \\
K_T &= 0.
\end{aligned}
$$

Der Eigentümer vergleicht nun zwei Möglichkeiten:

1. Er kann die Investition durchführen oder

2. er kann die Investition unterlassen.

Dazu werden die Nebenbedingungen mit Hilfe der Gleichung (1) zusammengefasst. Wegen $K_T = 0$ erhält man nach Kürzen des Zinsfaktors $(1+i)^T$

$$0 = \sum_{t=0}^{T} \frac{M_t - C_t}{(1+i)^t} \underbrace{-I_0 + \sum_{t=1}^{T} \frac{CF_t}{(1+i)^t}}_{= \text{NPV}}.$$

Offensichtlich gilt, dass mit höherem Kapitalwert auch höhere Konsumzahlungen C_t möglich sind, da die Gleichung mit und ohne Investitionsprojekt Null ergeben muss. Dabei spielt es keine Rolle, ob der Eigentümer ein eher ungeduldiger Mensch ist und möglichst früh konsumieren will oder ob der Eigentümer ein eher gelassener Mensch ist, der seinen Konsum durchaus in die Zukunft verlagern kann. Man sieht, dass Investoren in jedem Fall ihren Nutzen maximieren, wenn sie Investitionsentscheidungen mit der Kapitalwertmethode treffen. Wir haben folgenden Satz bewiesen:

Satz 2.12 (Fishers Separationstheorem). *In einem perfekten Kapitalmarkt unter Sicherheit gilt:*

1. *Investitionsentscheidungen sind delegierbar (oder: Investitions- und Konsumentscheidungen sind separierbar).*

2. Mehrere Finanziers können einmütig Investitionsentscheidungen treffen.

THEORIE DES ZINSES Nachdem wir die Trennung von Investitions- und Konsumentscheidungen nachgewiesen haben, wollen wir nun Fishers Theorie des Zinses darstellen. Wir werden sehen, dass die Höhe eines Zinssatzes nicht durch die Identität von Angebot und Nachfrage hergeleitet wird, sondern sich aus der Zeitpräferenz der Investoren (umgangssprachlich könnte man auch von Ungeduld sprechen) ergibt.

Wir treffen jetzt etwas andere Annahmen. Im Folgenden reichen zwei Zeitpunkte aus, wir müssen nicht mehrere unterstellen. Wieder sind Soll- und Habenzinsen identisch.[37] Damit wir uns einfacher mathematischer Techniken bedienen können, unterstellen wir differenzierbare Nutzenfunktionen. Und zuletzt müssen wir genau beschreiben, über welche finanziellen Mittel unser Investor verfügt.

Annahme 2.13 (Zeitpraeferenztheorie). *Wir setzen voraus:*

1. *Es gibt nur zwei Zeitpunkte.*

2. *Ein Investor verfügt über eine Erstausstattung an Geld $\overline{C}_0$, die dem Konsum dient und die er auch am Kapitalmarkt anlegen kann.*

3. *Der Kapitalmarkt ist perfekt. Eine Anlage am Kapitalmarkt verzinst sich zu einem Zins i.*

4. *Der Investor soll eine differenzierbare Nutzenfunktion besitzen, d.h. er kann jedem denkbaren Portfolio einen Nutzen zuordnen und er will diesen Nutzen maximieren.[38]*

Wie würden sich Investoren verhalten, wenn es keinen Kapitalmarkt gibt? Wenn die Investorin weder produzieren noch handeln kann, bleibt ihr gar nichts anderes übrig ihre Erstausstattung $C_0 = \overline{C}_0$ sowie den zukünftigen Besitz $C_1 = \overline{C}_1 = 0$ zu konsumieren. Dies ist für sie "optimal", weil sie keine weiteren Möglichkeiten besitzt, Güter von heute nach morgen zu transferieren.

Was aber passiert, wenn ein (perfekter) Kapitalmarkt vorhanden ist? Die Investorin könnte sehr geduldig sein und heute weniger konsumieren wollen. Dann muss sie Güter verborgen und sie sich morgen zurückzahlen lassen. Sie konsumiert heute weniger als die Erstausstattung und morgen mehr. Diese Transaktion wickelt sie über den Kapitalmarkt ab und legt dabei die geborgte Differenz zum Zinssatz i an.

Betrachten wir die finanziellen Möglichkeiten der Investorin im nächsten Zeitpunkt. Dazu wollen wir beide Fälle, die wir gerade beschrieben haben, einzeln diskutieren.

---

37. Dies ist eine Einschränkung, deren Aufhebung nur Probleme macht und keine neuen Erkenntnisse erbringt. Wer sich für Details interessiert, findet sie in Kruschwitz et.al., "Divergent interest rates in the theory of financial markets", *The Quarterly Review of Economics and Finance* 71 (2019) S. 48–55.
38. Diese Nutzenfunktion ist nicht einzigartig festgelegt, vielmehr lassen sich durch monotone Transformationen unendlich viele äquivalente Nutzenfunktionen erzeugen. Wir werden diesen Punkt in der Profilierungsphase erörtern.

– Angenommen, die Investorin hatte sich im Zeitpunkt $t = 0$ am Kapitalmarkt Geld geborgt, weil sie mehr konsumieren wollte als sie an Erstausstattung besaß ($C_0 > \overline{C}_0$). Eine Periode später kommt die Stunde der Wahrheit: Sie muss den Kredit nun mit Zinsen zurückzahlen und ist gezwungen, ihren Konsum jetzt einzuschränken ($C_1 < \overline{C}_1$, wobei wir der Einfachheit halber $\overline{C}_1 = 0$ gesetzt hatten).

Wie groß ist dieser erzwungene Konsumverzicht eine Periode später? Wenn sie vorher einen Kredit von $X = C_0 - \overline{C}_0$ aufnahm (das Vorzeichen von X ist positiv), so muss diese Kredithöhe mit $(1 + i)$ multipliziert werden, weil zum Nennwert die Zinsen hinzutreten. Da der Konsum in $t = 1$ kleiner als die Erstausstattung sein muss, kommt nur die Identität $C_1 = \overline{C}_1 - (1 + i)X$ in Frage.

Beide Gleichung ergeben, indem wir X eliminieren

$$X = C_0 - \overline{C}_0 \quad \text{und} \quad C_1 = -(1 + i)X$$
$$\implies \quad 0 = C_1 - (1 + i)(\overline{C}_0 - C_0). \tag{10}$$

– Angenommen, die Investorin hatte im Zeitpunkt $t = 0$ Geld am Kapitalmarkt angelegt, weil sie weniger konsumieren wollte als sie an Erstausstattung besaß ($C_0 < \overline{C}_0$). Eine Periode später kann sie nun aus dem Vollen schöpfen: Sie erhält die Geldanlage mit Zinsen zurück und kann ihren Konsum jetzt ausweiten ($C_1 > \overline{C}_1$, wobei wieder $\overline{C}_1 = 0$).

Wie groß ist die zusätzliche Menge für Konsum? Wenn sie vorher eine Geldanlage von $X = \overline{C}_0 - C_0$ tätigte (das Vorzeichen dieses X ist erneut positiv), so muss diese Geldanlage mit $(1 + i)$ multipliziert werden, weil wieder zum Nennwert die Zinsen hinzutreten. Da der Konsum in $t = 1$ größer als die Erstausstattung sein muss, kommt wieder nur die Identität $C_1 = \overline{C}_1 + (1 + i)X$ in Frage.

Beide Gleichung ergeben, indem wir X_0 eliminieren, wieder die Identität (10)

$$X = \overline{C}_0 - C_0 \quad \text{und} \quad C_1 = (1 + i)X$$
$$\implies \quad 0 = C_1 - (1 + i)(\overline{C}_0 - C_0).$$

Wr waren davon ausgegangen, dass das Verhalten der Investorin durch eine Maximierung ihrer Nutzenfunktion U beschrieben werden kann. Mithin resultiert das folgende Maximierungsproblem:

$$\max U(C_0, C_1), \quad \text{s.t.} \quad 0 = C_1 - (1 + i)(\overline{C}_0 - C_0). \tag{11}$$

Was folgt aus dieser Gleichung? Es ist erkennbar, dass mit der Wahl des heutigen Konsumniveaus C_0 sämtliche anderen Variablen des Problems (Geldanlage X, späteres Konsumniveau C_1) festgelegt sind. Dies scheint plausibel zu sein, da man nicht konsumierte Gelder am Kapitalmarkt anlegen wird bzw. auf der anderen Seite fehlenden Konsum über den Kapitalmarkt finanzieren lässt.

Die Nebenbedingung in (11) wird auch Transaktionsgerade genannt, weil die Menge möglicher Transaktionen am Kapitalmarkt durch eine Gerade beschrieben wird.[39] Unsere Maximierungsaufgabe lässt sich mit dem Kalkül von Lagrange lösen. Dazu notieren wir die Lagrange-Funktion:

$$\mathcal{L} = U(C_0, C_1) - \lambda \left(C_1 - (1+i)(\overline{C}_0 - C_0) \right).$$

Die Nebenbedingungen erster Ordnung lauten:[40]

$$0 = \frac{\partial \mathcal{L}}{\partial \lambda} = -\left(C_1 - (1+i)(\overline{C}_0 - C_0) \right)$$

$$0 = \frac{\partial \mathcal{L}}{\partial C_0} = \frac{\partial U(C_0, C_1)}{\partial C_0} - \lambda(1+i)$$

$$0 = \frac{\partial \mathcal{L}}{\partial C_1} = \frac{\partial U(C_0, C_1)}{\partial C_1} - \lambda$$

Die erste Gleichung ist notwendig, um das optimale Portfolio zu bestimmen, sie wird uns aber in diesem Abschnitt nicht interessieren. Wir setzen die dritte Gleichung in die zweite ein. Dabei entsteht ein Term, den man die Zeitpräferenzrate nennt.[41]

---

39. Siehe Abbildung 13.
40. Wir ignorieren in diesem Abschnitt die Bedingungen zweiter Ordnung: Wir müssten prüfen, ob wir es wirklich mit einem Maximum und nicht etwa einem Minimum zu tun haben. Wir werden im Verlauf der Diskussion sehen, wie man dieses Problem lösen kann. Im Moment ist es uns nicht wichtig.
41. Bei der Bestimmung des optimalen Konsums haben wir die Lagrange-Funktion benutzt. Man kann das Fisher-Theorem aber auch ganz ohne Lagrange-Maximierung beweisen, wie die nachfolgende Rechnung zeigt. Es ist eine Frage des persönlichen Geschmacks, welchen Weg man bevorzugt.

Um den Beweis ohne Lagrange vorzunehmen, setzt man einfach die Nebenbedingung aus (11) direkt in die zu maximierende Funktion ein und erhält

$$\max_{C_0} \ U\left(C_0, (1+i)(\overline{C}_0 - C_0) \right)$$

Dies ist eine unbeschränkte Maximierung in C_0, C_1 taucht nicht mehr auf. Das ist auch plausibel, weil sich der Konsum morgen unmittelbar aus dem heutigen Konsum und der Budgetrestriktion ergibt. Ein solches Maximierungsproblem löst man, indem die erste Ableitung null gesetzt wird. Also

$$0 = \frac{dU(C_0, (1+i)(\overline{C}_0 - C_0))}{dC_0}$$

$$0 = \frac{\partial U}{\partial C_0} + \frac{\partial U}{\partial C_1} \cdot (-(1+i))$$

$$(1+i) \frac{\partial U}{\partial C_1} = \frac{\partial U}{\partial C_0}$$

und dies ist nach wenigen Umstellungen genau die Aussage, die unten in Theorem 2.15 behauptet wird.

Definition 2.14 (Zeitpräferenzrate). *Die Zeitpräferenzrate eines Investors entspricht dem Term*

$$-\frac{\frac{\partial U(C_0,C_1)}{\partial C_0}}{\frac{\partial U(C_0,C_1)}{\partial C_1}}.$$

Sie beschreibt, auf wie viel (marginalen) Konsum der Investor in $t = 1$ verzichten würde, wenn er in $t = 0$ eine (marginale) Einheit Konsum zusätzlich erhielte.

Die Zeitpräferenzrate wird auch als Grenzrate der Substitution bezeichnet und dies wollen wir kurz erläutern. Unter der Grenzrate der Substitution versteht man diejenigen Mengen an zukünftigem Gut, die wir erhalten müssen, wenn wir auf eine (marginale) Einheit heutiges Gut verzichten und dennoch das Nutzenniveau nicht verändern wollen.[42] Daraus ergibt sich folgende Rechnung

$$0 = dU(C_0, C_1) \qquad \text{Nutzenniveau konstant}$$

$$= \frac{\partial U}{\partial C_0} dC_0 + \frac{\partial U}{\partial C_1} dC_1 \qquad \text{totales Differential}$$

$$\frac{dC_1}{dC_0} = -\frac{\partial U/\partial C_0}{\partial U/\partial C_1}, \qquad \text{umstellen.}$$

Der Ausdruck auf der linken Seite gibt die Mengen an C_1 an, die man als Kompensation für den Konsumverzicht in Höhe von dC_0 im Zeitpunkt $t = 0$ erhalten muss, damit der Gesamtnutzen konstant bleibt. Dieser Ausdruck ist immer negativ, da man für weniger C_0 ja mehr C_1 verlangen wird.

Damit erhalten wir die entscheidende Aussage von Irving Fisher (in der nachfolgenden Abbildung 13 werden die Terme der Gleichung (12) illustriert und deshalb haben wir das negative Vorzeichen auf beiden Seiten der Gleichung nicht eliminiert).

Satz 2.15 (Fishers Zeitpräferenztheorem). *Der risikolose Zins ist gleich der Zeitpräferenzrate eines Investors*

$$-(1+i) = -\frac{\frac{\partial U(C_0,C_1)}{\partial C_0}}{\frac{\partial U(C_0,C_1)}{\partial C_1}}. \tag{12}$$

Insbesondere besitzen die Investoren identische Zeitpräferenzraten.

Die Bedingung (12) besagt, dass im Optimum Grenzrate der Substitution und risikoloser Zins plus eins übereinstimmen müssen. Diese Bedingung können wir uns gut graphisch veranschaulichen.

Zu diesem Zweck nutzen wir ein Diagramm, in dem die Zahlungen C_0 sowie C_1 eingetragen werden (siehe dazu Abbildung 13). Jeder Punkt in diesem Diagramm be-

---

42. Wir haben die Grenzrate so definiert, dass heute Konsumverzicht geübt wird und dafür morgen mehr Güter zur Verfügung stehen. Das Ergebnis wäre kein anderes, wenn heute eine (marginale Einheit) mehr konsumiert wird und dafür morgen weniger Güter in Höhe der Grenzrate zur Verfügung stehen. Dies liegt daran, dass wir es mit marginalen Einheiten zu tun haben.

schreibt dann die Konsummengen, die unserer Investorin sowohl im Zeitpunkt $t = 0$ als auch im Zeitpunkt $t = 1$ zur Verfügung stehen sollen. Wie stellt sich in einem solchen Diagramm die Nebenbedingung dar? Wir wissen, dass die mathematische Form der Nebenbedingung eine Geradengleichung ist.[43] Eine solche Geradengleichung wird in dem C_0-C_1-Diagramm folgerichtig zu einer Geraden führen, die wir Transaktionsgerade genannt hatten.

Des weiteren wollen wir die so genannten Indifferenzkurven in die Abbildung eintragen. Zu diesem Zweck muss man sich klarmachen, worin der Unterschied zwischen einer Nutzenfunktion und einer Indifferenzkurve besteht. Die Nutzenfunktion ist ein mathematisches Objekt, dass jedem Konsum (C_0, C_1) einen Nutzen zuordnet; mathematisch handelt es sich um eine Funktion. Wollte man eine solche Nutzenfunktion darstellen, so wäre eine dreidimensionale Grafik nötig: Zwei Achsen für die Konsummengen und eine dritte Achse für den Nutzen des Konsums. Jetzt wollen wir die Indifferenzkurven der Nutzenfunktion beschreiben. Dabei handelt es sich um diejenigen Linien, die Konsumpaare (C_0, C_1) gleichen Nutzens miteinander verbinden. Zu jeder Nutzenfunktion gibt es unendlich viele Indifferenzkurven, für jedes Nutzenniveau eine.[44]

Welche Eigenschaften haben nun die Indifferenzkurven am Optimum? Dazu muss man sich mehrere Dinge vor Augen führen:

1. Indifferenzkurven schneiden einander nicht. Es werden ja immer nur Punkte desselben Nutzenniveaus miteinander verbunden.

2. Indifferenzkurven weiter rechts oder weiter oben (d.h. mit höheren C_0 bzw. höherem C_1) gehören immer zu höheren Nutzenniveaus.

Will man also optimieren, muss man sich diejenigen Indifferenzkurven anschauen, die am weitesten rechts oben zu liegen kommen. Das ist genau dann der Fall, wenn eine Indifferenzkurve tangential zur Transaktionsgeraden wird. Diese Situation ist in Abbildung 13 dargestellt.

Bisher haben wir die Frage, ob genau eine optimale Lösung existiert, ignoriert. Dieser Frage werden wir uns jetzt zuwenden. Nehmen wir also für einen Moment an, wir haben nicht eine, sondern mehrere optimale Lösungen in einer Optimierungsaufgabe gefunden. Dann macht unsere Theorie leider wenig Sinn: Denn welche der vielen optimalen Lösungen würde denn jetzt von uns "erklärt"? Wenn zwei oder mehr Optima möglich sind, müssten wir ein weiteres Auswahlkriterium bemühen, dass zu unseren bisherigen Überlegungen hinzutreten muss und unsere Theorie entwertet. Deshalb werfen wir die Frage auf, unter welchen Annahmen an die Nutzenfunktion

43. Dies hatten wir in dem Maximierungsproblem (11) hergeleitet.
44. Am besten kann man sich Indifferenzkurven durch Luftdruckkarten beim Wetterbericht veranschaulichen: Dort werden Orte gleichen Luftdrucks miteinander verbunden. Wir verbinden nicht Punkte gleichen Luftdrucks, sondern Punkte gleichen Nutzens.

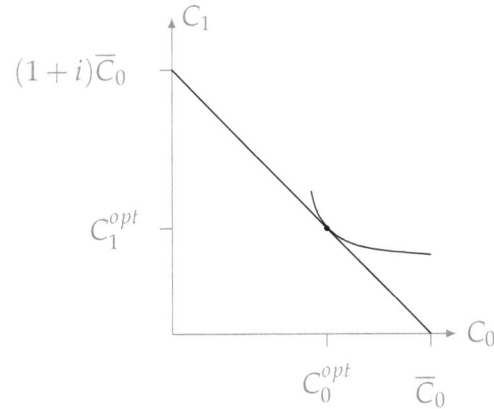

Abbildung 13: Eine tangentiale Indifferenzkurve mit Transaktionsgerade im Fisher–Modell.

ein *eindeutiges* optimales Portfolio existiert. Es ist für unsere Theorie von existentieller Bedeutung, auf diese Frage eine klare Antwort zu bekommen. Es zeigt sich, dass dazu die strikte Quasikonkavität der Nutzenfunktion ausreichend ist, die wir nachträglich zu den Annahmen hinzufügen müssen.

Definition 2.16 (quasikonkave Nutzenfunktion). *Eine Nutzenfunktion heißt* strikt quasikonkav, *wenn sie die folgende Eigenschaft besitzt:*

> *Wir wählen zwei beliebige Punkte auf einer Indifferenzkurve und verbinden sie miteinander.*

> *Die Nutzenfunktion ist strikt quasikonkav, wenn jeder Punkt auf der Verbindungslinie* besser *als die beiden Ausgangspunkte ist.*

Zur Veranschaulichung betrachten wir eine Situation wie in Abbildung 14. In diesem Fall wären die beiden Portfolios $a = (a_0, a_1)$ sowie $b = (b_0, b_1)$ optimal, da die Indifferenzkurve tangential an der Budgetlinie verläuft. Offensichtlich ist die Nutzenfunktion nicht strikt quasikonkav, denn alle Portfolios auf der Verbindungslinie von (a_0, a_1) und (b_0, b_1) sind *schlechter* als (a_0, a_1) bzw. (b_0, b_1).

Wir wollen noch auf ein Problem hinweisen. Beim Fisher–Modell wird ein optimaler Konsumplan ermittelt. Wir können nicht ausschließen, dass die sich ergebenden Mengen negativ werden. Eine solche Lösung ist aber unsinnig: Niemand kann -1 Brot konsumieren. Wollten wir hier sinnvolle ökonomische Resultate erzielen, müssten wir fordern, dass die Konsummengen nicht negativ werden können und wir haben in keiner Weise geprüft, ob diese Nebenbedingung bei uns erfüllt ist. Das hieße aber, in dem Maximierungsproblem (11) weitere Ungleichungen einzufügen:

$$\max U(C_0, C_1), \quad \text{s.t.} \quad 0 = C_1 - (1+i)(\bar{C}_0 - C_0), \quad \underbrace{C_0, C_1 \geq 0}_{\text{neu}}.$$

Abbildung 14: Zwei optimale Portfolios einer nicht quasikonkaven Nutzenfunktion (die Indifferenzkurve hat einen Knick).

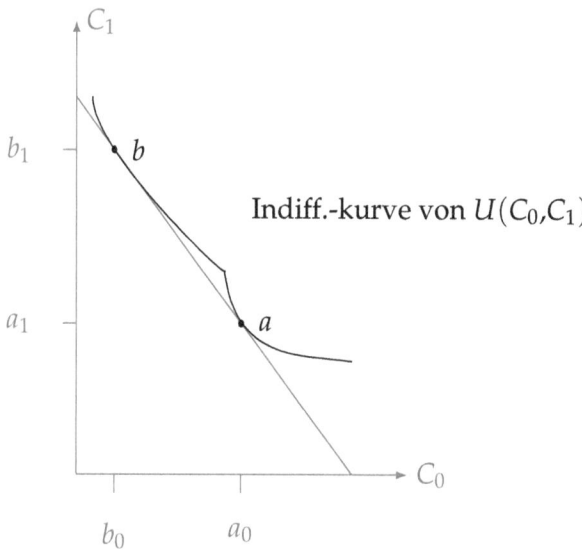

Jetzt sind die Nichtnegativitätsbedingungen $C_0, C_1 \geq 0$ hinzugekommen und die Lösung dieser Aufgabe erfordert damit die Kuhn–Tucker–Theorie. Auf den damit verbundenen mathematischen Mehraufwand möchten wir an dieser Stelle verzichten und blenden die Nichtnegativitätsbedingung daher aus. Wir werden also das gerade beschriebene Problem an dieser Stelle ignorieren.

Wir wollen zuletzt anmerken, dass im Fisher–Modell nicht folgt, dass Zinssätze *immer* positiv zu sein haben. Es widerspricht nicht den getroffenen Annahmen, dass der Zinssatz durchaus negativ wird. Alleine Zinssätze die kleiner sind als -100% können wir definitiv ausschließen. Denn dann würde man für einen geborgten Euro heute weniger als Null Euro morgen zu zahlen haben: Man bekommt neben dem Euro heute also auch noch in der nächsten Periode Geld geschenkt.[45] Das ist in einem funktionierenden Kapitalmarkt natürlich ausgeschlossen.

Wenn man allerdings voraussetzt, dass Geld ohne weitere Kosten gelagert werden kann (ein solcher Fall liegt beispielsweise vor, wenn keine Inflation herrscht und kein Währungstausch vorgenommen wird), dann ist nur ein Zins von Null oder höher denkbar. Negative Zinssätze kann es dann nicht mehr geben. Ansonsten könnte jeder Investor einen risikolosen Gewinn erzielen, indem er sich möglichst viel Geld

45. deAghion und Morduch, *The Economics of Microfinance*, MIT Press 2005, Abschnitt 6.3) beschreiben, wie es in armen Gesellschaften zu negativen Zinssätzen kommen kann, da dort die Lagerung von Geld mit Gebühren behaftet ist. Da verarmte Bäuerinnen häufig ihr Geld nicht in Alkohol stecken möchten ("...female members...would otherwise have difficulty protecting savings from their husbands' grabbing hands", S. 159), bringen sie es zu Spargemeinschaften, die auf Grund von Gebühren zu negativen Zinssätzen führen. In einem konkreten Fall in Indien hat dies gravierende Folgen: "The effective cost...is equivalent to an annual interest rate of deposits of roughly negative 30 percent per year" (S. 161).

borgt. Den Rückzahlungsbetrag, der wegen des negativen Zinses unter dem Auszahlungsbetrag liegt, könnte er kostenfrei lagern und den Differenzbetrag für zusätzlichen Konsum verwenden.[46]

46. Die Finanzkrise der Jahre 2011/12 hat gezeigt, dass "lagern" etwas anderes ist als das bloße "unter's Kopfkissen legen". Große Geldbeträge werden überhaupt nicht physisch (also in Geldscheinen oder gar -münzen) gelagert, sondern grundsätzlich auf Bankkonten überwiesen. Tritt nun eine Situation ein, in der selbst große Banken nicht mehr vertrauenswürdig sind, dann wird man nicht einmal für den Zeitraum eines Tages die Möglichkeit in Anspruch nehmen, größere Geldbeträge seiner Hausbank zu überlassen – da man annehmen muss, dass auch diese in Schwierigkeiten gerät. Nur so ist zu erklären, dass es seit Anfang des Jahres 2012 zu negativen Zinssätzen bei Bundesanleihen kam.

3 INVESTITIONSRECHNUNG UNTER UNSICHERHEIT

Im vorausgegangenen Kapitel des Skripts haben wir uns mit Investitions– und Finanzierungsentscheidungen unter Sicherheit beschäftigt. Für eine erste Annäherung an die Finanzierungstheorie stellt dies zunächst sicherlich eine zweckmäßige Vereinfachung dar. In der Realität hingegen werden unternehmerische Entscheidungen naturgemäß unter Unsicherheit getroffen. In diesem letzten Abschnitt wollen wir uns nun mit der Frage auseinander setzen, wie in einer solchen Situation zu entscheiden ist. Dabei handelt es sich um ein nicht so ganz einfaches Thema, und daher werden wir uns in der BA-Ausbildung mit wenigen grundsätzlichen Überlegungen begnügen.

Man könnte auf die Idee kommen, als beste Alternative im Fall von Unsicherheit gerade diejenige mit dem höchsten Erwartungswert zu wählen. Diese Idee ist aber keine besonders geschickte. Wir werden dies an zwei einfachen Beispielen illustrieren.

3.1 EINFÜHRUNG: DAS PETERSBURGER SPIEL

Lernziel: Sie erkennen, dass risikoaverse Investoren sich bei unsicheren Entscheidungen nicht des Erwartungswertes bedienen sollten. Sie können risikofreudiges, risikoneutrales und risikoaverses Verhalten definieren.

Betrachten Sie ein Spiel, das genau einmal durchgeführt wird und für dessen Teilnahme Sie einen Geldbetrag bezahlen sollen, dessen Höhe vorerst unbekannt ist.[47] Der Spielleiter wirft eine Münze. Er tut dies so oft, bis auf der Münze "Zahl" erscheint. In Abhängigkeit von der Anzahl der notwendigen Würfe gibt es für den Teilnehmer des Spiels eine Auszahlung. Diese Auszahlung ermittelt sich wie in Abbildung 15 dargestellt. Mit der Anzahl der notwendigen Würfe verdoppelt sich die Auszahlung.

Abbildung 15: Die Auszahlungsstruktur des Petersburger Spiels.

Anzahl der Würfe (Zustand s)	Auszahlung (X_s)
1 Wurf	1 Geldeinheit
2 Würfe	2 Geldeinheiten
3 Würfe	4 Geldeinheiten
4 Würfe	8 Geldeinheiten
5 Würfe	16 Geldeinheiten
⋮	⋮

---

47. Dieses Spiel ist durch die Arbeit Daniel Bernoullis berühmt geworden. Da Bernoulli zum damaligen Zeitpunkt in Petersburg residierte, hat es den Namen Petersburger Spiel erhalten. Zur Geschichte des Problems siehe C. Seidl: "The St. Petersburg Paradox at 300", *Journal of Risk and Uncertainty*, (46) 2013, S. 247-264, https://www.jstor.org/stable/43550169.

Befragen wir den ökonomisch nicht versierten Leser, welchen Betrag er als "fairen Wert des Spieles" (auch Eintrittspreis, Spielgebühr, Gegenwartswert, present value) bezeichnen würde, so werden sehr selten Werte über fünf Geldeinheiten genannt.

Um zu verstehen, worin das Problem dieses Spiels besteht, versuchen wir die erwartete Auszahlung zu ermitteln. Beim Erwartungswert handelt es sich um eine Größe, die den durchschnittlichen Rückfluss aus dem Spiel wiedergibt, wenn man dieses Spiel nur hinreichend oft spielt. Der erwartete Auszahlungsbetrag dieses Spiel ergibt sich durch folgende Rechnung

$$1 \cdot \frac{1}{2} + 2 \cdot \frac{1}{2^2} + 4 \cdot \frac{1}{2^3} + 8 \cdot \frac{1}{2^4} + \cdots$$
$$= \frac{1}{2} + \frac{1}{2} + \frac{1}{2} + \cdots$$
$$= \infty.$$

Bedenken wir, dass nahezu niemand für dieses Spiel mehr als fünf Geldeinheiten zahlen würde, ist dieses Ergebnis paradox. Wir erkennen nämlich, dass die durchschnittliche Auszahlung unendlich hoch ist. Jeder Investor müsste auch bei astronomischen Teilnahmebedingungen (beispielsweise einem Spieleinsatz von jeweils 100.000 Geldeinheiten und mehr) dieses Spiel spielen, denn im Durchschnitt wird er gewinnen!

Lässt man sich die Bedingungen des Spieles durch den Kopf gehen, so könnte man vermuten, dass das Paradox eine sehr leichte Auflösung besitzt.[48] Wenn man sehr viele Münzwürfe benötigt, um Zahl zu erzielen, wachsen die Auszahlungsbeträge über alle Grenzen. Aber niemand ist in der Lage, Milliarden oder gar Billionen für ein einziges Spiel zu zahlen. Beschränken wir uns auf einen Höchstbetrag von etwa 16 Millionen oder 25 Würfe, so erhalten wir als erwartete Auszahlung[49]

$$\frac{1}{2} + 2 \cdot \frac{1}{2^2} + 4 \cdot \frac{1}{2^3} + 8 \cdot \frac{1}{2^4} + \cdots + 2^{23} \cdot \frac{1}{2^{24}} + 2^{24} \cdot \frac{1}{2^{24}} = 13.$$

Dieses Ergebnis ist nun alles andere als paradox; es scheint dass wir eine Lösung gefunden haben.

Um deutlich zu machen, dass hinter dem Petersburger Paradox mehr steckt als nur ein trickreicher Täuschungsversuch, wollen wir ein weiteres Spiel vorschlagen. Dieses Spiel wird noch klarer als das Petersburger Spiel offenbaren, welches Problem bei der Verwendung von erwarteten Zahlungen entsteht. Stellen Sie sich dazu folgende Situation vor. Sie dürfen einmalig an einem Spiel teilnehmen, bei dem der Dozent eine Münze wirft. Um dieses Spiel zu bestreiten, müssen Sie einen Einsatz leisten und können, wenn Sie Glück haben, mit einem Gewinn nach Hause gehen. Der Einsatz be-

48. Auf diesen Gedankengang hat noch vor Daniel Bernoulli schon Cramer hingewiesen.
49. Die Wahrscheinlichkeit der höchsten Auszahlung von 2^{24} muss so gewählt werden, dass sich alle Wahrscheinlichkeiten zu 1 summieren. Man überlegt sich so, dass nur der Wert $\frac{1}{2^{24}}$ in Frage kommt.

steht darin, dass Sie Ihr gesamtes zukünftiges Gehalt dem Dozenten überschreiben. Nachdem Sie die entsprechende Erklärung[50] unterzeichnet haben, wirft der Dozent die Münze. "Kopf" bedeutet, dass der Dozent (vielleicht glaubwürdiger: eine Bank) Ihr Gehalt verdoppelt. Haben Sie das Pech, dass der Dozent jedoch "Zahl" wirft, so gehen Sie leer aus.

Wenn Sie sich mit kühlem Kopf die Spielregeln noch einmal vor Augen führen, sollten Sie von diesem Spiel Abstand nehmen. Niemand geht ein solch hohes Risiko ein. Wer aber auf den Erwartungswert hört, muss anders entscheiden. Denn es gilt offensichtlich

$$\underbrace{\frac{1}{2} \cdot 2 \cdot \text{Gehalt} + \frac{1}{2} \cdot 0 \cdot \text{Gehalt}}_{\text{Auszahlung}} = \underbrace{\text{Gehalt}}_{\text{Spieleinsatz}}.$$

Damit handelt es sich (gemessen am Erwartungswert) um ein faires Spiel. Sie dürften also eigentlich nicht zögern, es wenigstens einmal zu versuchen! Wir haben gar keine andere Möglichkeit, als aus unserem Gedankenexperiment den folgenden Schluss zu ziehen: Wer dem Erwartungswert folgt, ignoriert (unter Umständen beträchtliche) Risiken.

Die beiden Beispiele verdeutlichen folgendes. Wenn wir davon ausgehen, dass der *Erwartungswert* einer Auszahlung der als "fair" empfundene Wert eines Spiels sein soll, dann weicht der *Gegenwartswert* (auch fairer Preis) deutlich davon ab. So ist der Erwartungswert der Auszahlung beim Petersburger Paradox unendlich, während der faire Wert etwa bei fünf lag. Ebenso ist der Erwartungswert der Auszahlung beim Lohnverpfändungsspiel (einmal "Gehalt") viel niedriger als der Wert, für den wir bereit wären, dieses Spiel überhaupt einzugehen. Wenn $p(X)$ den fairen Wert des Spieles bezeichnet, so gilt

$$\text{fairer Wert} = p(X) < \text{E}[X] = \text{Erwartungswert der Zahlungen}.$$

Wer bisher der Intuition anhing, man könne unter Unsicherheit einfach die unsichere Zahlung durch ihren Erwartungswert ersetzen, begeht einen gravierenden Fehler. Wer so rechnet ignoriert die Tatsache, dass Investoren risikoscheu sind. Gerade weil sie Unsicherheit ablehnen, werden sie den fairen Wert niedriger als den Erwartungswert ansetzen.

Wir erkennen, dass bei der Ermittlung von fairen Preisen oder fairen Werten vom Erwartungswert Abstand genommen werden muss. In der Literatur sind mehrere Möglichkeiten bekannt, wie faire Preise bei risikoscheuen Investoren bestimmt werden. Wir werden diese Möglichkeiten jetzt nur überblicksartig behandeln können, in der Profilierungsphase bzw. im Masterstudium werden wir ausführlicher darauf ein-

---

50. Wieder sind wir unrealistisch, weil der § 762 BGB unserem Modell widerspricht – ignorieren Sie diesen Paragraphen bitte bei diesem Gedankenexperiment.

gehen. Zuvor müssen wir jedoch den Modellrahmen der Unsicherheit vorstellen.

MODELLRAHMEN   Konzentrieren wir uns auf die klassische Kapitalwertdefinition aus dem vorigen Abschnitt und betrachten ein Beispiel, bei dem ein Investor eine Zahlung einen Zeitpunkt später erwartet. Die Zahlung ist unsicher. Was genau heißt das?

Wenn in der Finanzwirtschaft von Unsicherheit die Rede ist, so werden damit implizit mehrere Annahmen unterstellt. Es sind die folgenden:

1. Wir nehmen an, dass im zukünftigen Zeitpunkt mehrere *Zustände* möglich sind. Zustände sind dabei Situationen, die einander ausschließen (es kann also nicht Zustand 1 und Zustand 2 gleichzeitig eintreten) und die alle denkbaren Ereignisse in der Zukunft erfassen (es kann also kein Zustand eintreten, von dem nicht vorher schon die Rede war).

2. Diesen Zuständen sind zudem Wahrscheinlichkeiten zugeordnet.

Sind diese Annahmen nicht erfüllt, so können Finanzwirte keine Antwort auf die Frage geben, wie Entscheidungen unter Unsicherheit zu treffen sind.

Man bezeichnet in der Literatur die Zustände mit dem Kleinbuchstaben[51] $s = 1, \ldots, S$, wobei wir hier vereinfachend eine endliche Anzahl von Zuständen (genau S Stück) angenommen haben. Die Wahrscheinlichkeit[52] eines Zustandes s erhält dann das Symbol $p(s)$. Weil alle denkbaren Zustände erfasst wurden, muss gelten

$$\sum_{s=1}^{S} p(s) \geq 1$$

und da die Zustände einander ausschließen, muss auch

$$\sum_{s=1}^{S} p(s) \leq 1$$

erfüllt sein. Die Summe der Eintrittswahrscheinlichkeiten ergibt also genau 1.

Eine Zahlung heißt dann unsicher, wenn ihre Höhe vom einzutretenden Zustand abhängig ist. Zahlungen haben wir unter Sicherheit mit CF gekennzeichnet. In der Literatur hat man früher großen Wert darauf gelegt, allein schon in der Bezeichnung deutlich zu machen, wenn es sich nicht mehr um eine sichere, sondern eine unsichere (zufällige, riskante) Größe handelt. Daher wurde der Variable ein geschweifter Strich hinzugefügt: $\widetilde{CF}$. In der neueren Literatur verzichtet man mehr und mehr auf dieses Symbol, was die Texte typographisch lesbarer, aber inhaltlich anstrengender macht

---

51. *s* steht für "state" (Zustand).
52. *p* steht hier für "probability" (Wahrscheinlichkeit).

– man muss nun selbst darauf kommen, ob es sich um eine sichere oder unsichere Variable handelt. In diesem Skript verwenden wir durchgehend die Tilde, Sie sollten beim Lesen zusätzlicher Literatur aber nicht darauf vertrauen, dass andere Autoren sich auch diese Mühe geben.

Beispiel 3.1: Im folgenden konzentrieren wir uns auf ein denkbar einfaches Beispiel. Der risikolose Zins beträgt 10%.

Abbildung 16: Annahmen im einfachsten Modell der Unsicherheit.

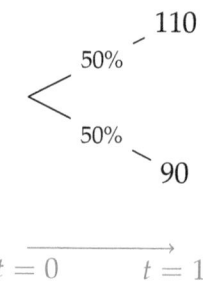

Die einfachste Form der Unsicherheit besteht dann, wenn im Zeitpunkt $t = 1$ genau zwei Zustände möglich sind: $s = 1, 2$. Beide Zustände sollen auch noch gleich wahrscheinlich sein, also $p(1) = p(2) = 50\%$. Wir nehmen an, dass die Zahlung in der Zukunft im ersten Zustand 90 und im zweiten Zustand 110 betragen soll. Abbildung 16 stellt unsere bisherigen Annahmen in graphischer Form dar. Es ist leicht vorstellbar, wie dieses Modell auf mehrere Zustände verallgemeinert werden kann. ∎

DAS STICHTAGSPRINZIP   An dieser Stelle empfiehlt es sich, auf eine Besonderheit der finanzwirtschaftlichen Modelle hinzuweisen, die in der Literatur nicht immer vollends verstanden wird.[53] Wir haben deutlich gemacht, dass in der Modellwelt zwei Zeitpunkte existieren und sich die Unsicherheit auf den zukünftigen Zeitpunkt bezieht. In $t = 1$ gibt es mehrere mögliche Zustände, von denen dann einer eintreten wird. Unser Investor hat aber bereits in $t = 0$ eine Entscheidung zu treffen, die dann seine Vermögensposition beeinflussen wird.

Es ist jedem vernünftigen Menschen klar, dass die Zukunft Überraschungen birgt, mit denen man nicht gerechnet hat. Beispielsweise haben wir uns in $t = 0$ überlegt, dass in der Zukunft die zwei verschiedenen Cashflows 90 oder 110 möglich sein werden. Durch ein unvorhersehbares Ereignis stellt sich aber in $t = 1$ nun ein Cashflow von 100 ein, mit dem niemand vorher gerechnet hat. Was nun?

53. Ein Beispiel für dieses Missverständnis liefert der Artikel von Dieter Schneider, "Finanzierungsneutralität der Besteuerung...", zfbf 61 (2009). Dort wird das gleich vorzustellende Stichtagsprinzip gerade nicht korrekt wiedergegeben. Der Autor konstruiert daraus eine grundsätzliche Kritik an der Kapitalmarkttheorie, die so nicht haltbar ist.

Die ökonomische Theorie trifft an dieser Stelle ganz klare Aussagen, die Sie vermutlich auf den ersten Blick irritieren werden: Wir befinden uns in der Investitionsrechnung unter Unsicherheit ununterbrochen in der Gegenwart und denken nur über *die eigenen Vorstellungen* von der Zukunft nach. Wir bewegen uns dabei nicht aus der Gegenwart fort. Was in der Zukunft tatsächlich passieren wird, kann hier schon deshalb keine Rolle spielen, weil wir es in der Zukunft ja nicht mehr mit vielen denkbaren, sondern nur noch mit einem tatsächlich eingetretenen Zustand zu tun haben. Alle unsere Gedanken beziehen sich daher auf den Stichtag $t = 0$ und man spricht an dieser Stelle deshalb vom Stichtagsprinzip. Die tatsächliche Entwicklung ist nicht Gegenstand unserer Betrachtungen.

Wenn also ein unvorhersehbares Ereignis eintritt und unsere bisherigen Überlegungen obsolet macht, bleibt uns nichts anderes übrig als die gesamte Rechnung erneut von vorn zu beginnen. Das ist auch folgerichtig, denn wir können keine Entscheidungen über Situationen treffen, über die wir keine Informationen haben oder von denen wir nicht einmal wissen, dass es sie geben könnte. Man kann dies als ein Theoriedefizit kennzeichnen und es dürfte dem einen oder anderen unbefriedigend vorkommen, aber es gibt hier keine Alternative.

Diese Vorbereitungen erlauben es uns nun, die drei Möglichkeiten zum Umgang mit Risiko genauer zu charakterisieren. Wir beschreiben zuerst, was Risikoscheue genau bezeichnet.

RISIKONEUTRALE UND RISIKOAVERSE INVESTOREN   Ist ein Investor risikoneutral, so würde er den Erwartungswert einer Zahl ermitteln und diesen diskontieren. Ein Wertpapier, dessen Zahlungen durch die Abbildung 16 beschrieben wird, hätte also für einen risikoneutralen Investor heute den Wert

$$\text{Wert}^{\text{risikoneutral}} = \frac{50\% \cdot 90 + 50\% \cdot 110}{1 + 10\%} \approx 90{,}91. \tag{13}$$

Wir haben bereits erkannt, dass Investoren typischerweise gerade nicht risikoneutral sind und das Ergebnis dieser Rechnung deshalb sehr kritisch gesehen werden muss:

Definition 3.1 (Risikoaversion). *Ein Investor heißt* risikoneutral, *wenn für ihn der faire Wert einer unsicheren zukünftigen Zahlung immer gleich dem risikolos diskontierten Erwartungswert ist*

$$\textit{fairer Wert (auch Gegenwartswert)} = \frac{\mathrm{E}[\textit{zukünftige Zahlung}]}{1 + \textit{risikoloser Zinssatz}}.$$

Ist der faire Wert dagegen immer kleiner, so heißt der Investor risikoscheu *oder* risikoavers. *Ist der faire Wert immer größer, so heißt der Investor* risikofreudig.

Annahme 3.2 (Risikoaversion). *Investoren sind risikoscheu.*

Wie muss in der Finanzwirtschaft nun vorgegangen werden, wenn wir es mit risikoaversen Investoren zu tun haben? Hier gibt es drei Möglichkeiten.

Sicherheitsäquivalent Der Investor erkennt, dass er es mit einer unsicheren Zahlung zu tun hat. Deshalb mindert er den Erwartungswert um eine geeignete Größe und diskontiert das Ergebnis mit den risikolosen Zinsen in Höhe von 10%. Dabei bedient er sich keinesfalls nur einem vagen Gefühl, sondern nutzt ein theoretisches Modell, das wir gleich vorstellen werden. Dieses Modell ist unter dem Namen "Erwartungsnutzentheorie" bekannt geworden und geht auf Daniel Bernoulli zurück.

Die Differenz zwischen Erwartungswert und der gerade erwähnten "geeigneten Größe" nennt man Sicherheitsäquivalent. Nehmen wir für einen Moment an, das Sicherheitsäquivalent beträgt 99,50. Dann berechnet sich der Gegenwartswert wie folgt

$$\text{Gegenwartswert}^{\text{risikoavers}} = \frac{\overbrace{99{,}50}^{\text{Sicherheitsaequivalent}}}{1 + 10\%} \approx 90{,}45.$$

Kapitalkosten Genau so gut könnte der Investor nicht den Zähler, sondern den Nenner der Bewertungsgleichung (13) verändern. In diesem Fall bietet es sich an, den risikolosen Zinssatz um einen geeigneten Summanden zu erhöhen. Auch hier bedient sich ein Investor keinesfalls einem diffusen Gefühl, sondern folgt einem theoretischen Modell, das unter dem Namen CAPM[54] bekannt wurde. Den "geeigneten Summanden" bezeichnet man in der Literatur auch als Risikoprämie.

In unserem Beispiel erhalten wir hier einen identischen Wert, wenn wir als Risikoprämie gerade den Wert 0,55% wählen

$$90{,}45 \approx \text{Gegenwartswert}^{\text{risikoavers}} = \frac{50\% \cdot 90 + 50\% \cdot 110}{1 + 10\% + \underbrace{0{,}55\%}_{\text{Risikopraemie}}}$$

risikoneutrale Wahrscheinlichkeiten Neben diesen beiden Anpassungen der Bewertungsgleichung hat sich noch ein dritter Weg etabliert, der allerdings bisher eher der Bewertung von Derivaten vorbehalten zu sein scheint. In der Projekt- oder gar Unternehmensbewertung findet man ihn heute nur sehr selten. Bei dieser An-

---

54. Die Abkürzung steht für Capital Asset Pricing Model. Diese Theorie geht auf den Nobelpreisträger William Sharpe zurück.

passung werden die Wahrscheinlichkeiten so lange variiert, bis sich der faire Wert des Unternehmens einstellt. Dies ist auch hier möglich. Wir erhalten

$$90,45 \approx \text{Gegenwartswert}^{\text{risikoavers}} = \frac{\overbrace{52,51\%}^{\text{risikoneutrale}} \cdot 90 + \overbrace{47,49\%}^{\text{Wahrschein.}} \cdot 110}{1 + 10\%}$$

Die diesbezüglichen Wahrscheinlichkeiten nennt man "risikoneutral".

Wir wollen jetzt auf die drei Berechnungsmethoden des fairen Wertes etwas ausführlicher eingehen.

3.2 SICHERHEITSÄQUIVALENT UND ERWARTUNGSNUTZENFUNKTIONEN

Lernziel: Um Entscheidungen bei risikoaversem Verhalten treffen zu können, muss statt des Erwartungs*wertes* ein Erwartungs*nutzen* ermittelt werden. Sie lernen dieses Konzept jetzt kennen.

Daniel Bernoulli selbst hat folgenden Vorschlag zur Lösung des von ihm aufgeworfenen Paradoxes geliefert. Bernoulli schlägt vor, statt der eigentlichen Zahlung nur das *Sicherheitsäquivalent* zu betrachten. Wir konzentrieren uns auf das Beispiel 1 und zeigen, wie man dort ein Sicherheitsäquivalent bestimmt.

Es gibt im Zeitpunkt $t = 1$ zwei mögliche Zahlungen. Bernoulli empfiehlt nun, nicht die konkrete Zahlungshöhe, sondern deren Logarithmus zu betrachten. Diesen Logarithmus nennt man den "Nutzen" der Zahlung und bildet nun, wie üblich, den Erwartungswert. Man spricht an dieser Stelle auch deutlicher vom "Erwartungsnutzen". Um das Sicherheitsäquivalent zu ermitteln, berechnet man also

$$\underbrace{50\% \cdot \ln(90) + 50\% \cdot \ln(110)}_{\text{Erwartungsnutzen}} \approx \ln(\underbrace{99,50}_{\text{Sicherheitsaequivalent}}).$$

Diese Gleichung unterscheidet sich von der Ermittlung des klassischen Erwartungswertes dadurch, dass die Zahlungen durch ihren Logarithmus ersetzt wurden: Statt 90 lesen wir $\ln(90)$, statt 110 steht $\ln(110)$ in der Gleichung und so ergibt sich nicht 100, sondern 99,50 (denn auch rechts, bei der sicheren Zahlung, muss der Logarithmus stehen). Betrachten wir statt der Zahlungen ihren Logarithmus, so definiert dies ein Sicherheitsäquivalent. Man kann zeigen, dass dieses Vorgehen auch das Paradox des Petersburger Spiels lösen kann.[55]

---

55. Dies geschieht detaillierter in der Vorlesung "Entscheidungstheorie" in der BA-Vertiefung. Bernoulli selbst hat übrigens eine Begründung dafür gegeben, weshalb der Logarithmus eine sinnvolle Nutzenfunktion darstellt. Er geht aus von der Annahme, "dass ein kleiner Gewinn einen Nutzen stiftet, der umgekehrt proportional zum schon vorhandenen Vermögen ist" (L. und P. Kruschwitz: "Daniel Bernoulli: Entwurf einer neuen Theorie zur Bewertung von Lotterien – Specimen theoriae novae

Natürlich stellt sich die Frage, ob man immer den Logarithmus verwenden muss oder ob auch andere Funktionen wie beispielsweise die Wurzelfunktion, die Exponentialfunktion angewendet werden können. Wenn andere Funktionen für die Ermittlung des Sicherheitsäquivalents genutzt werden können, welche Eigenschaften müssen diese aufweisen oder kann man beliebige Funktionen wählen? Müssen risikoscheuere Investoren andere Nutzenfunktionen verwenden und wodurch unterscheiden sich diese Nutzenfunktionen von denen der weniger risikoscheuen Investoren? All diese Fragen setzen in der BA-Ausbildung zu viel voraus, man beantwortet sie typischerweise im fortgeschrittenen Studium.

3.3 KAPITALKOSTEN UND CAPM

Lernziel: Alternativ kann man sich statt risikoloser Zinsen auch Kapitalkosten bedienen, wenn Investoren risikoavers sind.

RISIKOADJUSTIERUNG DES KALKULATIONSZINSSATZES   Wollen wir in der oben beschriebenen Situation die Risikoadjustierung beim Kalkulationszinssatz vornehmen, so können wir mit

$$\text{Gegenwartswert} = \frac{\text{E}[\widetilde{\text{CF}}_1]}{1 + i + \text{Risikoprämie}} \tag{14}$$

rechnen. Beide Wege führen zum gleichen Ergebnis, wenn nur der Risikoabschlag beziehungsweise die Risikoprämie in geeigneter Weise gewählt werden.[56] Und damit sind wir bei der Frage, ob sich zur Bestimmung dieser Größen begründete Empfehlungen geben lassen.

DEFINITION VON KAPITALKOSTEN   Die Summe aus dem risikolosen Zins und der Risikoprämie nennt man auch Kapitalkosten. Dieser Begriff ist etwas irreführend, weil er rein gar nichts mit Kosten oder der Kostenrechnung zu tun hat. Er wird jedoch in der Literatur so häufig und leider auch nicht immer präzise verwendet, so dass eine genauere Beschäftigung mit diesem Konzept angezeigt ist.

Zuerst einmal dienen Kapitalkosten dem Zweck, aus zukünftigen Zahlungsverpflichtungen faire Gegenwartswerte zu ermitteln. Kapitalkosten berücksichtigen also die Tatsache, dass Investoren risikoscheu sind. Das allerdings *definiert* Kapitalkosten

de mensura sortis, Commentarii Academiae Scientiarum Imperialis Petropolitanae 1738, 175-192" (Übersetzung aus dem Lateinischen), *Die Betriebswirtschaft* (56) 1996, § 5) und leitet daraus ab (siehe dort im § 10), dass nur die Logarithmus-Funktion in Frage kommt.

56. Im angelsächsischen Sprachraum benutzt man fast immer den Weg der Risikoprämie. Die Methode der Sicherheitsäquivalente ist dort weitgehend unbekannt. In Deutschland gibt es dagegen – besonders im Zusammenhang mit der Bewertung ganzer Unternehmen – Personen (vor allem Wirtschaftsprüfer), die das Sicherheitsäquivalent vorziehen.

nicht: Vielmehr handelt es sich um eine Anwendung, ein Ergebnis oder ein Resultat der Definition. Um Kapitalkosten zu verstehen und sie formal präzise zu definieren, muss man die Gleichung (14) umstellen:

$$\text{Kapitalkosten} =_{Def} \frac{\text{E}[\widetilde{\text{CF}}_1]}{\text{Gegenwartswert}} - 1 = \text{E}\left[\frac{\widetilde{\text{CF}}_1}{\text{fairer Wert}} - 1\right].$$

Hier ist deutlich erkennbar, was Kapitalkosten eigentlich darstellen. Der Ausdruck auf der rechten Seite ist nichts anderes als eine erwartete Rendite. In der Investitionsrechnung hatten wir die Diskontierungssätze als (erwartete) Rendite einer zum Investitionsprojekt vergleichbaren Alternativanlage am Kapitalmarkt kennengelernt. Während wir dabei stets die Position eines Kapitalgebers eingenommen haben, der für sein Kapital die lukrativste Anlagemöglichkeit sucht, sind wir bei der Frage nach der optimalen Finanzierung eines Investitionsprojektes in der Position eines Kapitalnehmers. Was für den Kapitalgeber erwartete Renditen sind, nennt der Kapitalnehmer jetzt Kapitalkosten.

Definition 3.3 (Kapitalkosten). Kapitalkosten *stellen erwartete Renditen eines Projektes dar.*

Wenn wir Kenntnis der Kapitalkosten besitzen, so können wir mit ihnen den fairen Wert oder Gegenwartswert eines Projektes, eines Unternehmens oder eines Unternehmensteils beispielsweise nach Gleichung (14) ermitteln.

Wir wollen zuletzt auf die Frage eingehen, wie man die Höhe der Kapitalkosten bestimmen kann.

ABLEITUNG DER KAPITALKOSTEN AUS EINER KAPITALMARKTTHEORIE   Folgt man den Leitlinien der neoklassischen Finanzierungstheorie, so lässt sich die Höhe der angemessenen Risikoprämie bzw. Kapitalkosten aus einem theoretischen Gleichgewichtsmodell ableiten, dem so genannten Capital Asset Pricing Model (CAPM). Es ist unmöglich, in der BA-Ausbildung auf dieses Modell im Detail einzugehen.[57] Daher lassen wir das Hauptergebnis des CAPM hier ohne weitere Begründung "vom Himmel fallen". Dazu sind zwei Vorbereitungen nötig.

Definition 3.4 (Marktrendite und Beta). *Die* erwartete Marktrendite *ist die Durchschnittsrendite, die man erzielt, wenn man sein Vermögen auf den gesamten Kapitalmarkt verteilt.*

Das Beta *eines Wertpapiers ist ein Sensitivitätsmaß das beschreibt, wie sich die Rendite einer bestimmten riskanten Kapitalanlage in Relation zur Marktrendite verhält.*[58]

---

57. Das CAPM wird in der MA-Veranstaltung "Kapitalmarkttheorie" behandelt.
58. Wenn r_M die Marktrendite und r_X die Rendite einer riskanten Kapitalanlage bezeichnen, dann ist

Die Definition der Marktrendite ist etwas unpräzise, was leider an dieser Stelle unumgänglich ist. Zwei Dinge sind hier hervorzuheben:

1. Zum einen muss bei der Bestimmung der erwarteten Marktrendite unterstellt werden, dass ein gewichteter (arithmetischer) Durchschnitt zu bilden ist. Die Gewichte entsprechen der jeweiligen Marktkapitalisierung.

   Wenn also ein Asset am Kapitalmarkt einen besonders hohen Kurswert besitzt, dann geht die Rendite dieses Assets sehr stark in die Bestimmung der Durchschnittsrendite ein. Ebenso wirken sich die Renditen von Assets mit geringerem Kurswert nur wenig auf die Marktrendite aus.

2. Zum anderen muss man berücksichtigen, dass die Marktrendite *alle* an einem Kapitalmarkt handelbaren Vermögenswerte umfasst. Dazu zählen also nicht nur Aktien, auch Bonds, Derivate, Rohstoffe, nicht börsengelistete Unternehmensanteile und vieles andere müssen berücksichtigt werden.

Das Ergebnis des CAPM lautet nun wie folgt.

Satz 3.5 (CAPM). *Unter gewissen Annahmen[59] ermittelt sich die Höhe der Risikoprämie nach folgender Gleichung*

$$Risikoprämie = Marktrisikoprämie \times Beta.$$

Dabei ist die "Marktrisikoprämie" die Differenz zwischen der erwarteten Marktrendite und dem Zinssatz für risikolose Kapitalanlagen.

Wir können auf den Beweis dieses Satzes nicht eingehen. Es empfiehlt sich aber, etwas genauer zu beschreiben, wieso es zu diesem Ergebnis kommt. Man könnte auf den ersten Blick ja die Vermutung äußern, dass die Höhe der Risikoprämie von "dem Risiko" einer Anlage abhängig ist. Dieses Risiko würde man dann beispielsweise dadurch messen, wie stark der Wert dieser Anlage schwanken wird.[60] Das ist jedoch falsch, und dafür gibt es eine ökonomische Begründung.

Stellen wir uns für einen Moment vor, dass sich die Risikoprämie nur an der absoluten Schwankung eines Finanztitels orientiert. Je stärker dieser Titel schwanken kann, desto höher sei die Risikoprämie. Wir haben in Definition 3.3 gesehen, dass es sich bei Kapitalkosten um erwartete Renditen handelt. Daher würde dann auch gelten, dass die erwartete Rendite desto höher ist, je stärker der Wert des Finanztitels

---

$E[r_M]$ die erwartete Marktrendite und das Beta kann formal durch den Ausdruck $\beta =_{Def} \frac{\text{Cov}[r_X, r_M]}{\text{Var}[r_M]}$ beschrieben werden. Wir haben aus typographischen Gründen bei beiden Renditen auf die Schlange verzichtet, weil dies in der Literatur gänzlich unüblich ist.

59. Hier sind insbesondere spezielle Verhaltensannahmen der Investoren zu nennen, auf die erst im Masterstudium genauer eingegangen werden kann.
60. Formal wäre dies die Varianz $\text{Var}[r_X]$, die von der in der obigen Fußnote genannten Kovarianz zu unterscheiden ist.

schwankt. Das kann nun schon deshalb nicht ökonomisch sinnvoll sein, weil starke Schwankungen beispielsweise durch ungeschicktes Management oder auch Fehler der Unternehmensleitung ausgelöst werden können. Bestünde ein solcher direkter Zusammenhang, so würde jedes unsinnige Verhalten an Kapitalmärkten belohnt werden – was nicht sein kann. Vielmehr muss man unterstellen, dass an Kapitalmärkten nur dasjenige Risiko vergütet wird, dass sich bei möglichst rationalem Verhalten ergibt. Man versucht die damit im Zusammenhang stehenden Risiken auch dadurch begrifflich zu unterscheiden, indem man von "systematischem" und "unsystematischem" Risiko spricht. Beide Risiken zusammen ergeben das, was wir oben als mögliche Schwankung des Wertes eines Finanztitels bezeichnet haben. Das systematische Risiko ist aber derjenige Teil, dem das Management auch durch möglichst geschicktes Verhalten nicht ausweichen kann, weil es dem Produkt und dem Kapitalmarkt inhärent ist. Das unsystematische Risiko dagegen ist allein auf falsche oder unsinnige Entscheidungen der Unternehmensleitung zurückzuführen. Satz 3.5 sagt nun, dass sich die Risikoprämie nur an dem systematischen Risiko eines Wertpapiers orientiert.

Übersichten mit Betafaktoren der großen Aktiengesellschaften kann man im Wirtschaftsteil der Zeitungen nachschlagen. Datenanbieter wie Bloomberg und Reuters verkaufen entsprechende Betafaktoren.

3.4 Risikoneutrale Wahrscheinlichkeiten

Lernziel: Um die Risikoaversion der Investoren zu berücksichtigen, können auch die subjektiven Wahrscheinlichkeiten der Investoren modifiziert werden. Man spricht dann von risikoneutralen Wahrscheinlichkeiten. Sie sollen zuletzt untersucht werden.

Eine interessante Möglichkeit, Entscheidungen über Investitionen unter Unsicherheit zu treffen, schafft das Konzept der risikoneutralen Wahrscheinlichkeiten. Wir haben bereits an unserem einfachen Beispiel erkannt, dass man die Risikoanpassung nicht nur bei den Cashflows oder den Zinssätzen, sondern auch bei den Wahrscheinlichkeiten vornehmen kann. Wir wollen wieder an einem einfachen Beispiel verdeutlichen, welche ökonomische Idee hier zugrunde liegt.

Dazu kehren wir zurück zu unserem einfachen Beispiel einer Unsicherheit, das wir in Abbildung 16 auf Seite 58 dargestellt hatten. Wir hatten erkannt, dass die risikoneutralen Wahrscheinlichkeiten in diesem Beispiel durch die Werte

$$q(\text{Zustand } 1) = 47{,}475\%, \quad q(\text{Zustand } 2) = 52{,}525\%$$

beschrieben sind. Allerdings handelt es sich hier um "synthetische" Wahrscheinlichkeiten. Sie geben nicht die tatsächliche Einschätzung der Investoren zum Eintreten der beiden Zustände an, es handelt sich vielmehr um irgendwie[61] "berechnete Zah-

---

61. Wir wissen, wie sie berechnet wurden. Sie können dies auf Seite 61 nachlesen.

len", die mathematisch auf das Ergebnis führen, das mit der Methode der Sicherheitsäquivalente oder der Risikoprämie auch erzielt werden konnte. Deshalb hat es sich eingebürgert, diese Wahrscheinlichkeiten nicht mit dem Buchstaben p, sondern abweichend mit q zu bezeichnen und wir folgen dieser Konvention.[62]

Das Adjektiv risikoneutral ist dabei irreführend. Risikoneutral ist die Wahrscheinlichkeit nicht etwa deshalb, weil der Investor damit *risikoneutral würde*. Vielmehr bleibt er risikoscheu oder risikoavers. Wenn er aber für einen Moment diese und nicht seine "richtigen" Wahrscheinlichkeiten verwenden würde, um sich erwartete Renditen von Wertpapieren zu errechnen, dann würde sich bei seiner Rechnung immer der risikolose Zinssatz ergeben. In diesem und nur in diesem Sinne spiegelt die Wahrscheinlichkeit dem Investor (und nur ihm) Risikoneutralität vor.

Die Idee der risikoneutralen Wahrscheinlichkeiten findet insbesondere Anwendung bei der Bewertung von Derivaten. Die Vorgehensweise kann man sich an unserem Beispiel leicht klarmachen. Stellen wir uns zu diesem Zweck vor, wir wollen eine Wette darauf abschließen, dass sich der erste Zustand einstellt. Gewinnen wir die Wette, so erhalten wir eine Geldeinheit; verlieren wir die Wette, so gehen wir leer aus. Solche Wetten können an Kapitalmärkten gehandelt werden[63], und die Theorie risikoneutraler Wahrscheinlichkeiten erlaubt es uns sogar, den fairen und risikoangepassten Wert dieser Wetten zu bestimmen. Wir bilden dazu einfach den Erwartungswert und benutzen aber gerade nicht die subjektiven oder tatsächlichen Eintrittswahrscheinlichkeiten des Investors, sondern die risikoneutralen. Für den fairen Wert der Wette gilt also

$$\text{fairer Wert} = \frac{\text{Auszahlung Zustand 1} \cdot q(\text{Zustand 1}) + \text{Auszahlung Zustand 2} \cdot q(\text{Zustand 2})}{1 + \text{risikoloser Zins}}$$
$$= \frac{1 \cdot 47{,}475\% + 0 \cdot 52{,}525\%}{1 + 10\%} \approx 0{,}4316$$

Der faire Preis dieser Wette beträgt also etwa 0,43 Geldeinheiten.

Bisher haben wir die Idee der risikoneutralen Wahrscheinlichkeiten anhand eines Beispiels dargestellt. Auch hier gibt es sehr grundlegende theoretische Überlegungen, die erst im Masterstudium vertieft werden können[64] und die es erlauben, solche risikoneutralen Wahrscheinlichkeiten in sehr vielen Bereichen einzusetzen.[65] Die entsprechende Theorie wird Arbitragetheorie genannt. Wir wollen zumindest den grundlegenden Begriff, auf dem diese Theorie aufbaut, hier veranschaulichen.

Versetzen Sie sich zu diesem Zweck gedanklich in das Wochenende und stellen Sie

---

62. Wir hatten oben darauf hingewiesen, dass die Bezeichnung p auf dem englischen Wort für Wahrscheinlichkeit, "probability", beruht. q wurde vermutlich für die synthetischen Wahrscheinlichkeiten gewählt, weil es im Alphabet nach p kommt.
63. Wir gehen im letzten Abschnitt auf derartige Titel genauer ein.
64. Es handelt sich um die Veranstaltung "Derivate und ihre Bewertung".
65. Beispielsweise basiert die berühmte Black-Scholes-Formel zur Bewertung von europäischen Calls auf der Idee risikoneutraler Wahrscheinlichkeiten.

sich vor, am Freitag abend den Einkauf für die nächsten zwei Tage vorzunehmen. Der Gemüsehändler um die Ecke möchte seinen Laden schließen und schlägt Ihnen vor, dass Sie statt einer Schale Erdbeeren doch besser zwei nehmen sollten und bietet Ihnen einen großzügigen Preisnachlass an. Solche Situationen gibt es häufig, amerikanische Einzelhandelsketten haben ganze "2-for-1"-Kampagnen.[66] In allen Fällen handelt es sich um Mengenrabatte, die darauf beruhen, dass der Stückpreis mit der abgenommenen Menge sinkt. Solche Rabattaktionen sind im Einzelhandel üblich – aber an Finanzmärkten unvorstellbar. Kein Makler bietet Ihnen einen Mengenrabatt, wenn Sie am Freitag abend statt zehn doch lieber zwanzig VW-Aktien erwerben wollen. An Finanzmärkten gilt die eiserne Regel: Das Ganze ist die Summe seiner Teile und davon wird nicht abgewichen.

Man macht sich auch schnell klar, warum dies so sein muss. Könnten Sie Mengenrabatte an Finanzmärkten erzielen, so würden Sie die zwanzig VW-Aktien erwerben und die zehn überschüssigen Aktien sofort wieder zum regulären Preis verkaufen. Gerade weil Sie so schnell und leicht sowohl die Käufer- als auch die Verkäuferseite einnehmen können, muss ein Vielfaches eines Wertpapiers genau dieses Vielfache eines Titels kosten. Und es ist auch klar, warum diese Regel im Einzelhandel nicht gelten muss – Sie können die zweite Schale Erdbeeren, die Sie zusätzlich erwarben, nicht einfach vor der Ladentür wieder verkaufen und Ihren Rabatt einbehalten.

Genau das meinen wir, wenn wir von arbitragefreien Märkten sprechen. Wir begnügen uns hier mit einer verbalen Beschreibung.

Definition 3.6 (Arbitragefreiheit). *Ein Markt ist* arbitragefrei, *wenn zwei Bedingungen erfüllt sind:*

1. *Zerlegt man ein Portfolio, so ist der Preis des ursprünglichen Portfolios gleich der Summe der Einzelteile. Dies gilt sinngemäß auch, wenn man ein Portfolio nicht zerlegt, sondern neu zusammenstellt.[67]*

2. *Wenn ein Portfolio mehr zahlt als ein anderes Portfolio, dann ist es teurer.[68]*

Ausgehend von dieser Definition kann man nun folgenden Satz beweisen, den wir erst im Masterstudium vertiefen können.

Satz 3.7 (Risikoneutrale Wahrscheinlichkeiten). *Wenn ein Markt arbitragefrei ist, dann kann man jedes Portfolio aus diesem Markt mit der Methode der risikoneutralen Wahrscheinlichkeiten bewerten.*

---

66. Das bedeutet folgendes: Wenn Sie ein hochwertigeres und kein Billigprodukt wählen oder eine andere Bedingung erfüllt ist, können Sie zum Preis von einem sogar zwei Güter mitnehmen.
67. Will man dies in formaler Notation darstellen, so wird man zur Gleichung $a \cdot p(X) + b \cdot p(Y) = p(a \cdot X + b \cdot Y)$ greifen. Man nennt diese Eigenschaft Linearität.
68. Dies könnte man schreiben als: "Wenn $X > Y$, dann $p(X) > p(Y)$." Man spricht auch davon, dass der Preis monoton ist. Diese Formulierung ist nicht ganz präzise, weil es sich um Zufallsvariablen handeln kann – darauf können wir erst im Masterstudium genauer eingehen.

Dieser Satz ist für die moderne Finanzwirtschaft von so wichtiger Bedeutung, dass er den Namen "Fundamentalsatz der Preistheorie" erlangt hat.

3.5 ZUSAMMENFASSUNG

Wir haben in diesem Kapitel gelernt, dass man ein unsicheres Projekt nicht bewerten darf, indem man die erwarteten Cashflows risikolos diskontiert. Würde man so vorgehen, verhielte man sich wie ein risikoneutraler Investor – wir sind aber risikoavers.

Statt dessen gibt es drei Möglichkeiten, eine Bewertungsgleichung anzupassen. Alle drei Theorien haben wir kurz gestreift, ihre wichtigsten Definitionen und Resultate kurz vorgestellt. In Abbildung 17 finden Sie eine kurze Zusammenfassung unserer Ausführungen.

Abbildung 17: Drei Theorien die beschreiben, wie man Risiko bei unsicheren Projekten berücksichtigt.

risiko-neutral	risikoscheu		
	Nutzentheorie	CAPM	Arbitragetheorie
	–	(Wertpapiermarktlinie)	(Fundamentalsatz)
$\frac{EW[\widetilde{CF}]}{1+i}$	$\frac{S\ddot{A}}{1+i}$	$\frac{EW[\widetilde{CF}]}{1+\text{Kapitalkosten}}$	$\frac{EW_Q[\widetilde{CF}]}{1+i}$

4 RISIKOMANAGEMENT UND TERMINGESCHÄFTE

4.1 MOTIVE FÜR DEN EINSATZ VON RISIKOMANAGEMENTSYSTEMEN

> **Lernziel:** Sie lernen die Motive von Marktteilnehmern kennen. Wir unterscheiden Hedging, Spekulation und Arbitragehandel.

BEISPIELE FÜR RISIKOKATEGORIEN Zur Veranschaulichung beginnen wir mit zwei Beispielen. Investitionsprojekte sind nicht nur dem Risiko ausgesetzt, dass an den Absatzmärkten andere als die erwarteten Absatzmengen und Verkaufspreise realisiert werden. Die Projekte sind vielmehr noch verschiedenen anderen Risiken ausgesetzt. Betrachten wir etwa ein deutsches Unternehmen, das Güter in die USA exportiert hat. Der Vertrag sieht vor, dass die Bezahlung dieser Güter in zwölf Monaten in US–Dollar zu erfolgen hat. Offensichtlich ist die genaue Höhe des Cashflows damit vom Euro–Dollar–Wechselkurs abhängig. Oder denken wir an ein anderes Unternehmen, das die Übernahme eines Konkurrenten prüft. Die Finanzierung dieses Mergers soll über einen kurzfristigen Bankkredit erfolgen. Die genauen Konditionen dieses Kredits sind somit von dem bei Übernahme herrschenden Zinsniveau abhängig. Die hier angesprochenen Währungs– und Zinsänderungsrisiken sind Beispiele für Marktrisiken.[69]

Ein weiteres Risikofeld, dem in besonderem Maße Banken, teilweise aber auch andere Unternehmen ausgesetzt sind, ist das so genannte Ausfallrisiko. Damit wird die Gefahr bezeichnet, dass ein Vertragspartner, also beispielsweise ein Kreditnehmer, seinen Zahlungsverpflichtungen zu spät oder im schlimmsten Fall gar nicht nachkommt. Abbildung 18 fasst die verschieden Risikoarten zusammen.

Abbildung 18: Verschiedene Risikoarten.

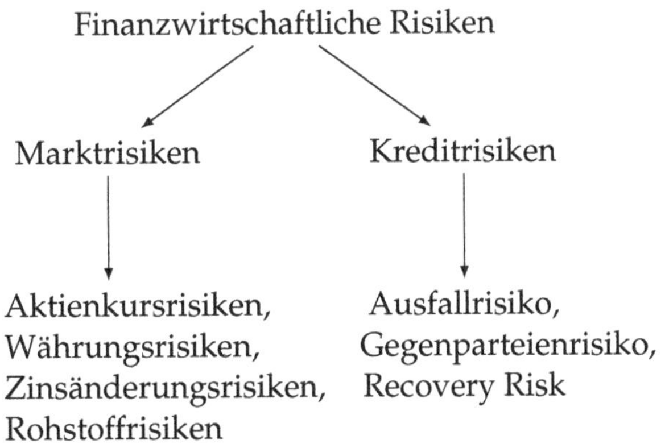

```
              Finanzwirtschaftliche Risiken
                    /              \
             Marktrisiken        Kreditrisiken
                  |                    |
       Aktienkursrisiken,        Ausfallrisiko,
       Währungsrisiken,          Gegenparteienrisiko,
       Zinsänderungsrisiken,     Recovery Risk
       Rohstoffrisiken
```

---

69. Weitere Marktrisiken sind Aktienkurs– und Rohstoffrisiken.

Die Steuerung dieser Markt– und Kreditrisiken obliegt dem finanzwirtschaftlichen Risikomanagement, das in der Regel von der Treasury eines Unternehmens wahrgenommen wird.

Die steigende Bedeutung eines funktionierenden Risikomanagements, hervorgerufen unter anderem durch die Internationalisierung der Finanzmärkte sowie durch zunehmend volatile Wechselkurse und Zinssätze, hat den Gesetzgeber in jüngster Zeit dazu veranlasst, neue rechtliche Rahmenbedingungen zu erlassen. Das "Gesetz zur Kontrolle und Transparenz im Unternehmensbereich" (KontraG), verabschiedet im März 1998, legt fest, dass alle Kapitalgesellschaften, deren Bilanzanhang einen Lagebericht enthält, diesen um einen Risikobericht erweitern müssen (HGB § 289 Abs. 1). In diesem Bericht soll auf die Risiken der zukünftigen Entwicklung ausführlich eingegangen werden. Darüber hinaus wird in dem Gesetz festgelegt, dass der Vorstand geeignete Maßnahmen zu treffen und insbesondere ein Überwachungssystem einzurichten hat, damit Entwicklungen, die den Fortbestand der Gesellschaft gefährden, möglichst früh erkannt werden (AktG § 91 Abs. 2).

Bevor wir uns mit den einzelnen Instrumenten beschäftigen, wollen wir die Frage klären, welche Gründe aus theoretischer Sicht für den Aufbau eines Risikomanagementsystems sprechen.

HEDGING   Betrachten wir noch einmal das deutsche Unternehmen, das in die USA exportiert. Wenn das Währungsrisiko nicht abgesichert wird, muss das Unternehmen die Dollar zum später herrschenden Wechselkurs tauschen. Dabei erzielt es im Falle einer Abwertung des Euro einen zusätzliche Gewinn. Wertet der Euro hingegen auf, so realisiert das Unternehmen einen Verlust. An diesem Beispiel wird deutlich, dass die Absicherung eines Risiko durch die Festsetzung eines verbindlichen Preises für die Zukunft nicht unbedingt ein besseres Ergebnis garantiert als der Verzicht auf die Absicherung. Ein rationaler und risikoaverser Investor wird allerdings nur solche Risiken zu tragen bereit sein, bei denen er einen komparativen Informationsvorteil besitzt. In der Regel ist davon auszugehen, dass ein Exportunternehmen im Vergleich mit einer Bank hier keinen Informationsvorteil besitzt. Aus diesem Grund sollte das Unternehmen sich dazu entschließen, das Währungsrisiko mit Hilfe eines Termingeschäfts zu hedgen und nur jene Risiken zu tragen, für die es selbst hinreichende Kompetenz besitzt.

SPEKULATION   Oben hatten wir argumentiert, dass ein Exportunternehmen aufgrund seines komparativen Informationsnachteils sein Währungsrisiko nicht ungesichert lassen sollte. Ein international agierendes Brokerhaus mit einer großen Research–Abteilung wird hingegen einen Informationsvorteil in Bezug auf die zukünftige Entwicklung des Wechselkurses haben. In diesem Fall kann es durchaus rational sein, diese Erwartungen auch gewinnbringend auszunutzen. Spekulation ist gleichbedeutend mit dem Abschluss einer Wette auf steigende oder fallende Kurse.

Der Einfluss von Spekulanten wird in der Öffentlichkeit oft überschätzt. Im Jahre 2008 hat die Commodity Futures Trading Commission (CFTC) eine genaue Untersuchung über den Einfluss dieser Spekulanten auf den Ölpreis veröffentlicht. In Abbildung 19 sehen Sie die Ergebnisse. Den Löwenanteil der Futures und Derivate halten Produzenten sowie Konsumenten von Öl, also Händler, die ganz offensichtlich Preisrisiken absichern und gerade *nicht* spekulieren wollen (wir hatten sie Hedger genannt). Händler, die man dem Spekulationsgeschäft zuordnen könnte ("swap dealers" und "money managers", letztere beinhalten Hedge Funds), sind eindeutig in der Minderzahl. Die CFTC konnte ebenfalls zeigen, dass von diesen Spekulanten angelegte Gelder keinen direkten Zusammenhang zu den massiven Preiserhöhungen des Jahres 2008 aufwiesen.

Abbildung 19: Handelsvolumina bei Ölderivaten nach Händlergruppen, Quelle: Economist, 12.09.2009.

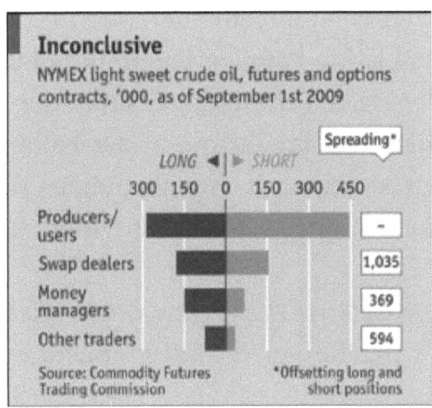

AUSNUTZEN VON PREISUNTERSCHIEDEN   Eine dritte Gruppe von Akteuren auf den Terminmärkten sind Arbitrageure. Ziel der Arbitrageure ist, durch simultane Transaktionen in zwei oder mehreren Märkten einen risikolosen Gewinn zu erzielen. Es können mehrere verschiedene Möglichkeiten unterschieden werden.

– Ein Brokerhaus kann nach Gelegenheiten suchen, identische Ansprüche billig zu kaufen und teuer zu verkaufen.

– Eine weitere Möglichkeit, Arbitragegewinne zu erzielen, besteht darin, mehrere Finanztitel zu einem Portfolio zu bündeln, das die gleichen Rückflüsse verspricht wie ein anderer, nicht im Portfolio enthaltener Titel. Weicht der Preis dieses Titels von dem des Portfolios ab, ergibt sich eine Arbitragegelegenheit.

4.2 TERMINGESCHÄFTE

> **Lernziel:** Sie lernen die wichtigsten Charakteristika von Termingeschäften kennen. Wir stellen Swaps, Forwards und Futures sowie Optionen vor.

Bei einem Kaufvertrag lassen sich grundsätzlich drei relevante Zeitpunkte unterscheiden:

t_0 Vertragsabschluss,

t_1 Erfüllung durch den Verkäufer (Lieferung) und

t_2 Erfüllung durch den Käufer (Bezahlung).

Bei einem Kassageschäft liegen Vertragsabschluss und Erfüllung zeitlich eng beieinander. Ein Termingeschäft unterscheidet sich von einem Kassageschäft dadurch, dass zwar der Vertragsabschluss heute stattfindet, aber die Erfüllung durch den Verkäufer erst später ($t_0 < t_1$). So kann man eine Tageszeitung jeden Morgen im Zeitungsladen kaufen (Kassageschäft) oder aber abonnieren (Termingeschäft).

Es gibt Termingeschäfte für Güter wie Gold, Kaffee oder Schweinehälften und für Finanztitel wie Bundesanleihen, Aktien, fremde Währungen oder gar Aktienindizes. Man unterscheidet zwischen unbedingten (festen) und bedingten Termingeschäften. Im ersten Fall müssen beide Parteien liefern beziehungsweise bezahlen. Im zweiten Fall erfolgt die beiderseitige Erfüllung nur unter der Voraussetzung, dass der Erwerber der Terminposition das im Zeitpunkt der Fälligkeit ausdrücklich wünscht. Ein Zeitungsabonnement ist demnach ein unbedingtes Termingeschäft, da sich beide Seiten binden, die Zeitungen gegen einen bestimmten Geldbetrag zu tauschen.

UNBEDINGTE TERMINGESCHÄFTE (FORWARDS UND FUTURES)   Bei unbedingten Termingeschäften muss der Käufer die Ware annehmen und bezahlen, der Verkäufer muss liefern.

In der Regel besteht allerdings die Möglichkeit, das Umkehrgeschäft durchzuführen und auf diese Weise den Kontrakt zu "schließen" oder – wie man auch sagt – sich "glattzustellen". So kann der Käufer seinen Kontrakt schließen, indem er einen identischen Kontrakt verkauft. Der Verkäufer hat dieselbe Möglichkeit, indem er einen Kontrakt zurückkauft.

Man unterscheidet zwischen Forwards und Futures. Für beide ist typisch, dass der Käufer im Zeitpunkt des Vertragsabschlusses nichts zahlt, wenn man von der Stellung von Sicherheiten absieht.

FORWARDS   Ein Forward verpflichtet den Käufer (Verkäufer), einen bestimmten Gegenstand (das "underlying asset", zum Beispiel Aktien, Anleihen, Währungen oder Waren usw.)

 – zu einem im Voraus festgelegten Preis und

– zu einem bestimmten zukünftigen Zeitpunkt

zu kaufen (verkaufen). Sie sind nicht weiter standardisiert und werden in der Regel im Telefonhandel vertrieben (OTC– oder over–the–counter–Geschäfte). Die Vermögenspositionen des Käufers (Long–Position) und des Verkäufers (Short–Position) eines Termingeschäfts im Zeitpunkt der Fälligkeit sind in den Abbildung 20 und 20 dargestellt.

Abbildung 20: Long– und Short–Position eines Forwards.

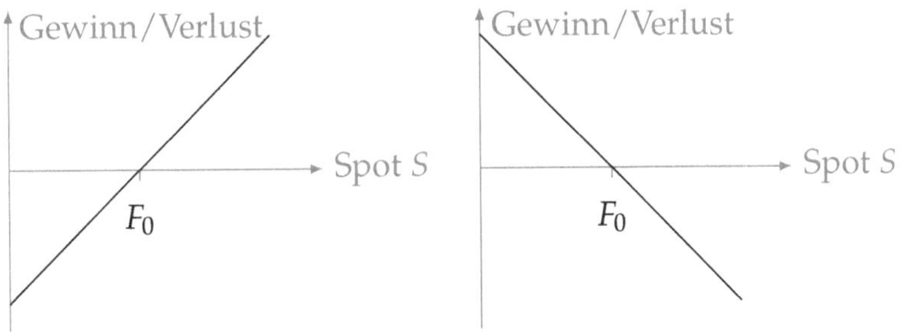

Entspricht der Kassakurs (spot) im Zeitpunkt der Fälligkeit des Forwards dem vereinbarten Terminpreis K, ergibt sich für den Käufer des Forwards weder ein Verlust noch ein Gewinn. Liegt der Kassakurs über dem Terminpreis, erweist sich der Abschluss des Termingeschäfts als vorteilhaft, denn das *underlying asset* kann auf Grund des abgeschlossenen Termingeschäfts günstiger bezogen werden als am Markt. Sollte der Kassakurs jedoch unter dem Terminpreis liegen, resultiert ein Verlust. Die möglichen Vermögenspositionen des Verkäufers sind spiegelbildlich zu denen des Käufers.

Beispiel 4.1: Nehmen wir an, ein Exportunternehmen (siehe Seite 69) soll im Zeitpunkt $t = 1$ insgesamt 250.000 \$ erhalten. Mit Hilfe von Forward–Kontrakten wollen wir dem Unternehmen helfen, sein Währungsrisiko abzusichern.

Der Euro–Dollar–Terminwechselkurs des Jahres $t = 0$ soll 0,9650 betragen.[70] Der Wechselkurs gibt an, wie viel Dollar man für einen Euro bezahlen muss. Bei Abschluss eines Jahresforwards können im Jahr $t = 1$ insgesamt 0,9650 \$ in einen Euro getauscht werden.

Das Unternehmen kann sein Währungsrisiko durch Abschluss eines Jahresforwards mit einer Bank hedgen. Damit hat das Unternehmen die Dollar auf Termin verkauft (short Forward); im Gegenzug ist die Bank in der Position eines long Forwards. Die Bank hat sich verpflichtet, die 250.000 \$ zum Wechselkurs von 0,9650 im Jahr $t = 1$ zu kaufen. Das Unternehmen erhält dann also $250.000 \cdot (1/0{,}9650) = 259.067{,}36$. € ∎

---

70. Der Wechselkurs wurde der Financial Times vom 24. Oktober 2002 entnommen.

FUTURES Ein Future unterscheidet sich von einem Forward im Wesentlichen dadurch, dass er an einer Börse gehandelt wird und regelmäßig Sicherheiten geleistet werden. Das aber setzt voraus, dass die Verträge weitestgehend standardisiert sind, was die handelbaren Güter, Mengen, Erfüllungstermine und so weiter angeht. Das Einzige, worauf sich die Vertragspartner in der Börsensitzung verständigen müssen, sind der Preis und die Zahl der Kontrakte.

Abrechnung und Abwicklung erfolgen über besondere Kreditinstitute, die so genannten Clearinghäuser. Diese übernehmen jedem der Vertragspartner gegenüber die Garantie, dass der jeweils andere Vertragspartner seine Pflichten erfüllt. Käufer und Verkäufer müssen bei den Clearinghäusern Sicherheiten hinterlegen. Dabei existieren zwei Arten von Sicherheiten, die

initial margin, die in einigen Fällen zu Beginn des Vertrages zu leisten ist und die

maintenance margin, die zu zahlen ist, wenn der Preis des zugrunde liegenden Titels/Gegenstandes unter eine bestimmte Grenze sinkt.

Schauen wir uns ein detailliertes Beispiel einer solchen Transaktion an, wobei wir die Verhältnisse hier etwas vereinfachen und auf eine initial margin verzichten.

Wir betrachten einen Future auf Lieferung einer Aktie im Zeitpunkt T. Im Zeitpunkt $t = 0$ beträgt der Futurepreis F_0. Wird nun in den Zeitpunkten $t = 1, \ldots, T$ ein weiterer Future wieder auf die Lieferung in T abgeschlossen, so werden aufgrund geänderter Marktkonditionen eventuell andere Lieferpreise vereinbart, die wir mit F_t bezeichnen werden. Sinnvollerweise muss der Preis im Endzeitpunkt F_T gerade dem aktuellen Aktienkurs (spot Preis) S_T des Zeitpunktes T entsprechen.

Wir betrachten die Vertragspartei, die die Aktie zum Preis von F_0 am Zeitpunkt T liefern wird. Da diese Vertragspartei die Aktie verkauft, nennt man sie auch den Verkäufer des Future ("sie hält den Future short"). Versuchen wir zu verstehen, in welcher Höhe Sicherheiten von der Vertragspartei zu leisten sind. Das Clearinghaus verlangt der Einfachheit halber im Zeitpunkt $t = 0$ keine Sicherheiten.

Einen Zeitpunkt später, in $t = 1$, beträgt der Futurepreis eines (nunmehr neuen) Futures mit Lieferung in T gerade F_1. Dann verlangt das Clearinghaus als Sicherheit nun genau die Differenz $F_1 - F_0$ vom Verkäufer des Future. Warum?

Würde unser Verkäufer durch Bankrott ausfallen, dann müsste der Vertragspartner einen neuen Vertrag auf Lieferung der Aktie schließen. Am Markt beträgt der Futurepreis jetzt jedoch F_1. Der Käufer würde bei diesem neuen Geschäft den Betrag in Höhe von $F_1 - F_0$ verlieren. Das Clearinghaus verlangt nun vom Verkäufer Sicherheiten in genau dieser Höhe, sie sichern das Risiko des Käufers vollständig ab.

Das Clearinghaus agiert dabei symmetrisch. Wenn also ein Verkäufer $F_1 - F_0$ zahlen muss, dann zahlt ein Käufer $F_0 - F_1$. Dabei ist jedoch mindestens eine der beiden Zahlen negativ. Diese negative Position (Sicherheit von -1 Geldeinheiten) heißt dabei nichts anderes, als dass das Clearinghaus den entsprechenden Geldbetrag dem Konto des Händlers (ob Verkäufer oder Käufer) gut schreibt – der Händler kann über diesen Betrag dann frei verfügen.[71] Steigt also der Preis des zugrunde liegenden Titels, so können die Sicherheiten entnommen werden. Die Sicherheiten sorgen also dafür, dass ein Vertragspartner keine Verluste erleidet, wenn die andere Partei ausfällt.

Die Sicherheiten sind noch einmal in Abbildung 21 zusammengefasst. In der letzten Zeile haben wir die Summen aller gezahlten Sicherheiten zusammengefasst. Dabei fällt folgendes auf. Konzentrieren wir uns auf den Käufer. Er hat insgesamt $F_0 - F_T$ gezahlt oder – auf Grund der Symmetrie – den Betrag $F_T - F_0$ erhalten. Damit aber könnte er am Laufzeitende auch die Ausübung des Futures dahingehend vornehmen, dass seine Sicherheiten einbehalten werden und er das Gut auf dem Spotmarkt für F_T erwirbt. Denn alle Sicherheiten und der Kauf am Spotmarkt ergeben Zahlungen in einer Gesamthöhe von

$$F_T + F_0 - F_T = F_0,$$

und genau das war vereinbart. Genau ein solches Vorgehen nennen wir "glatt stellen" und es entspricht der üblichen Vorgehensweise an Terminmärkten. Statt einer physischen Lieferung wird nur ein Ausgleich des Sicherheiten-Kontos vorgenommen.

Abbildung 21: Margin-Zahlungen bei einem Future.

t	Future-preis	margin in t zu leisten vom Verkäufer	Käufer
0	F_0	0	0
1	F_1	$F_1 - F_0$	$F_0 - F_1$
2	F_2	$F_2 - F_1$	$F_1 - F_2$
⋮	⋮	⋮	⋮
$T-1$	F_{T-1}	$F_{T-1} - F_{T-2}$	$F_{T-2} - F_{T-1}$
T	F_T	$F_T - F_{T-1}$	$F_{T-1} - F_T$
Summe		$F_T - F_0$	$F_0 - F_T$

SWAPS   Bei einem Swapgeschäft (wörtliche englische Übersetzung: Tauschgeschäft) werden zwei Vermögenspositionen und die mit ihnen verbundenen Zahlungsverpflichtungen getauscht. Swaps sind üblicherweise OTC-Geschäfte, da sehr individuelle Zahlungsströme getauscht werden. Je nach Sachlage kann es auch passieren, dass eine der beiden Parteien im Zuge des Swaps eine Einmalzahlung an die andere Partei vornehmen muss, damit der Swap keine der beiden Seiten übervorteilt.

Die ersten Swaps wurden in den späten 70er und den frühen 80er Jahren durchgeführt. Inzwischen sind die Swaps ein Hauptgeschäftsfeld der Investment–Banken.

---

71. Zinsen werden dem Konto im Übrigen nicht gutgeschrieben.

Eine besonders große Bedeutung haben Zinsswaps, Währungsswaps und Kombinationen aus beiden.

Zinsswaps: Ein Zinsswap ist ein Tausch von festen gegen variable Zinsansprüche. Feste Zinsansprüche können zum Beispiel gegen variable Zinsansprüche (früher nutzte man hierfür zum Beispiel den so genannten LIBOR, der seit mehreren Skandalen nicht mehr verwendet wird) getauscht werden. In der Regel verzichtet man bei einem Zinsswap auf den Austausch der Nominalbeträge und beschränkt sich auf den Tausch der Zinszahlungen. Gelegentlich wird das Geschäft sogar so weit reduziert, dass nur noch die Spitzenbeträge ausgeglichen werden.

Währungsswaps: Bei einem einfachen Währungsswap wird eine festverzinsliche Position gegen eine festverzinsliche Position in einer anderen Währung getauscht. Beispielsweise können Nominalbeträge und Zinsansprüche aus einem festverzinslichen Euro–Kredit gegen die eines festverzinslichen Dollar–Kredits getauscht werden.

Zins– und Währungsswaps: Ein Zins– und Währungsswap ist eine Kombination aus einem Währungs– und einem Zinsswap. Der Tausch von Nominalbeträgen und Zinsansprüchen einer festverzinslichen Euro–Anleihe mit denen einer variabel verzinslichen Dollaranleihe ist ein Beispiel dafür.

In der Praxis spielen Kreditinstitute bei der Vermittlung von Swapgeschäften eine große Rolle. Häufig treten sie auch als Intermediär zwischen die Swap–Interessenten und schließen mit beiden Seiten separate Verträge ab oder nehmen selbst aktiv am Swapgeschäft teil, um ihre Zinsänderungsrisiken zu begrenzen.

BEDINGTE TERMINGESCHÄFTE (OPTIONEN) Der Käufer eines bedingten Terminkontraktes hat das Recht, aber nicht die Pflicht, das underlying asset bei Fälligkeit von seinem Vertragspartner (dem Stillhalter) zu einem im Voraus bestimmten Preis (dem Basispreis, englisch: strike price) zu erwerben oder an diesen zu veräußern. Im Gegensatz zu den unbedingten Termingeschäften muss der Erwerber einer Option an den Stillhalter im Zeitpunkt des Vertragsabschlusses einen Preis (die Optionsprämie) zahlen.

KAUFOPTIONEN (CALLS) Bei einem Call erwirbt der Käufer das Recht, eine bestimmte Ware zu einem bestimmten Preis bis zu einem bestimmten Zeitpunkt (Fälligkeitstermin) zu kaufen. Kann er das Recht nur am Fälligkeitstermin ausüben, so handelt es sich um eine europäische, sonst um eine amerikanische Option. Von wenigen Ausnahmen abgesehen werden an den Terminbörsen amerikanische Optionen gehandelt.

Die Optionsprämie besteht aus zwei Komponenten, dem Wert bei sofortiger Ausübung (innerer Wert) und einer Risikoprämie (Zeitwert), die insbesondere von der Volatilität des underlying assets und der Restlaufzeit der Option abhängt.

Ist der Kassapreis bei Fälligkeit höher als der Basispreis K, lohnt sich die Ausübung des Calls, da man das underlying asset am Markt teurer verkaufen kann. Der mögliche Gewinn eines Callkäufers ist unbeschränkt, da der Kassapreis zumindest theoretisch unendlich hoch steigen kann. Der maximale Verlust des Callkäufers beschränkt sich auf die Optionsprämie. Allerdings geschieht es häufig, dass Optionen am Fälligkeitstermin nicht mit Gewinn ausgeübt werden können und wertlos verfallen, vgl. Abbildungen 22 und 22.

Abbildung 22: Long– und Short–Position eines Calls.

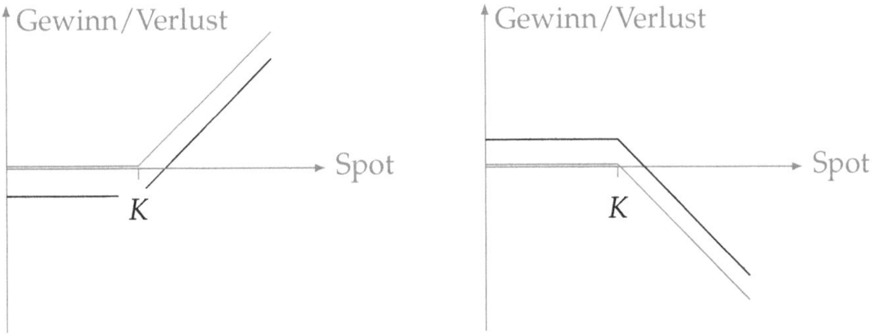

VERKAUFSOPTIONEN (PUTS) Verkaufsoptionen geben dem Käufer das Recht, das underlying asset zum Basispreis an den Stillhalter zu verkaufen. Der maximale Gewinn eines Putkäufers ist – anders als beim Call – beschränkt, da der Kassapreis des underlying assets nicht unter null fallen kann. Sein maximaler Verlust beschränkt sich aber wieder auf die gezahlte Optionsprämie, vgl. Abbildungen 23 und 23.

Beispiel 4.2: Das Unternehmen kann sein Wechselkursrisiko auch mit Optionen hedgen. In diesem Fall muss es im Euroraum einen Call mit noch mindestens einjähriger Restlaufzeit kaufen.[72] Eine Kaufoption mit Basispreis 0,9726 \$/€ und Fälligkeitstermin $t = 1$ wird momentan zu 1,89 € je \$ 100 gehandelt. Die geplante Absicherungsstrategie kostet demnach 1,89 € · 2.500 = 4.725 € und garantiert einen Wechselkurs von mindestens 0,9726. Fällt der Wechselkurs unter diese Marke, wird die Option ausgeübt. In diesem Fall erzielt man ein Betrag von 250.000\$/0,9726=257.042,98 €. Steigt der Wechselkurs hingegen, verfällt die Option wertlos.

Dieses Beispiel macht nochmals den Unterschied zwischen einer Absicherung mit Forwards und mit Optionen deutlich. Forwardkontrakte fixieren den zukünftigen Preis und eliminieren sowohl das Risiko fallender (hier: steigender) Kurse als auch die

---

72. Alternativ kann es in den USA auch einen Put zum Kauf von Euro erwerben.

Chance auf steigende (hier: fallende) Kurse. Optionskontrakte hingegen bieten dem Halter eine Versicherung gegen ungünstige Kursentwicklungen. Der Halter kann aber weiterhin von einer günstigen Kursentwicklung profitieren. Diese Versicherung ist allerdings nicht kostenlos, sondern nur gegen Zahlung einer Prämie zu haben. ■

Abbildung 23: Long– und Short–Position eines Puts.

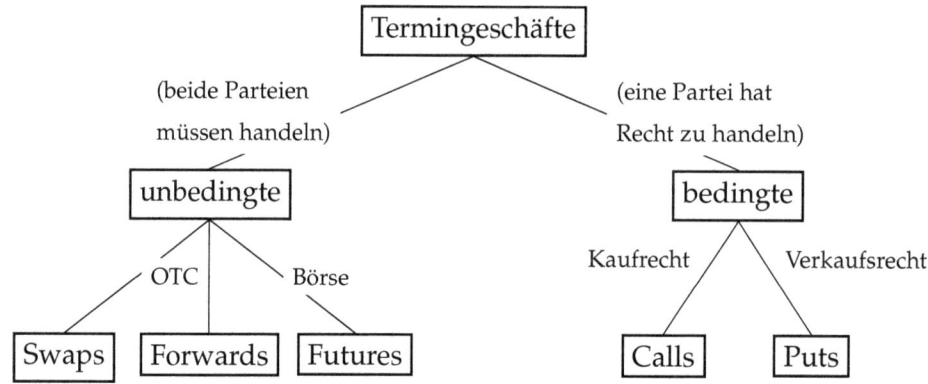

Zuletzt wollen wir übersichtsartig noch einmal die wichtigsten Termingeschäfte darstellen.

5 ANWENDUNGEN

Im letzten Kapitel wollen wir unsere theoretischen Überlegungen nutzen, um praktische Probleme zu lösen. Ich habe dazu zwei Themen gewählt, die sich in meinen Augen ideal zur Diskussion eignen. Einmal soll es um die Abfindungshöhe bei Personenschäden gehen, danach widmen wir uns der Bewertung von Wäldern. Sie werden sehen, dass beide Themen ideal für eine Anwendung unserer theoretischen Ausführungen geeignet sind.

5.1 ABFINDUNGEN BEI PERSONENSCHÄDEN

Lernziel: Wenn Entschädigungszahlungen kapitalisiert werden, so benötigt man einen Zinssatz. Wie hoch soll dieser Zinssatz sein, welcher Zinssatz ist zweckmäßig?[73]

DAS PROBLEM Auf Deutschlands Straßen ereignen sich in jedem Jahr etwa 2,5 Millionen Verkehrsunfälle, von denen mehr als ein Zehntel mit Personenschäden einhergehen. Durchschnittlich sind 350.000 Unfallopfer zu beklagen, unter denen mehr als 60.000 Schwerverletzte sind. Sie alle müssen versuchen, unter Inanspruchnahme aufwändiger Rehabilitationsmaßnahmen ihren Weg zurück in die Gesellschaft zu finden. Vielen gelingt das aufgrund des Ausmaßes ihrer Verletzungen nur höchst unvollkommen. Bei dauerhaften Schäden müssen gravierende Verdienstausfälle hingenommen werden; lebenslange Therapiemaßnahmen sind keine Seltenheit und häufig müssen in den Wohnungen der Unfallopfer kostspielige Umbaumaßnahmen vorgenommen werden. Das alles verursacht enorme Aufwendungen.

Nach deutschem Straßenverkehrsrecht muss jeder Halter eines Kraftfahrzeugs eine Haftpflichtversicherung abschließen. Wäre es nicht so, gingen zahlreiche Unfallopfer leer aus, da diejenigen, welche die Unfälle zu verantworten haben, finanziell meist völlig überfordert wären. Die Versicherungen kommen dann innerhalb gewisser Grenzen für die Kosten für Therapien und Umbaumaßnahmen sowie für Verdienstausfälle auf.

Nach einem Unfall müssen sich der Geschädigte und der Versicherer zunächst auf die Höhe der notwendigen Schadensersatzleistungen einigen. In nicht wenigen Fällen kommt es dabei zu einem Gerichtsverfahren, weil streitig ist, welche Leistungen tatsächlich erforderlich sind beziehungsweise vom Versicherer übernommen werden müssen.[74] Nach deutschem Recht hat ein Geschädigter einen Anspruch darauf, ein

---

73. Siehe zu diesen Überlegungen auch auch Löffler, Kruschwitz, Heintzen, Schiller in "Recht und Schaden" r+s, Heft 10/2013 vom 15.10.2013, S. 477-482.
74. Nach deutschem Recht muss der Unfallverursacher für den Schaden aufkommen – was häufig zur Folge hat, dass man den Verursacher erst einmal bestimmen muss. Andere Länder gehen hier anders vor. In Israel beispielsweise zahlt diejenige Versicherung, in dessen Fahrzeug man saß – unabhängig

Leben "wie vor dem Unfall" zu führen.[75] Der Schädiger (bzw. sein Versicherer) muss also nicht nur die medizinische Betreuung des Verletzten zahlen, er muss im Fall einer schweren Erkrankung im Zweifel sogar den Verdienstausfall und bei bleibenden Schäden eine eventuell notwendige Umschulung bis hin zu Umbaumaßnahmen im Wohnhaus tragen. Da Unfälle oft lange Krankheiten mit sich bringen, kann dies im Zweifel bedeuten, dass der Schädiger bis zum Tode des Geschädigten Kosten zu tragen hat. Die Auseinandersetzungen über Höhe und Zeitdauer der Schadensersatzleistungen werden üblicherweise von Juristen und Medizinern geführt.

KAPITALISIERUNG BEI WICHTIGEM GRUND   Wenn feststeht, wie viel und wie lange der Versicherer zahlen muss, gibt es einen Anreiz, die Ansprüche des Unfallopfers durch eine Einmalzahlung abzulösen. Und genau dann, wenn es um diese so genannte Kapitalisierung zukünftiger Zahlungen geht, kommt der Sachverstand des Ökonomen ins Spiel.

Eine solche Kapitalisierung kann sowohl im Interesse des Versicherers wie auch des Geschädigten sein. Für den Versicherer bedeutet eine Einmalzahlung, dass der Fall abgeschlossen werden kann. Spätere Nachforderungen vom Geschädigten sind so vom Tisch. Der Geschädigte wiederum kann mit dem erhaltenen Geld vielleicht eine völlig neue berufliche Existenz aufbauen. Jedoch muss man beachten, dass im deutschen Recht eine Kapitalisierung nicht immer vom Geschädigten erzwungen werden kann. Hintergrund ist die Überlegung, den Geschädigten auf diese Weise zu schützen und davor zu bewahren, ein Opfer des Verursachers zu werden. Rechtliche Grundlage ist hier der § 843 Abs. 3 des Bürgerlichen Gesetzbuches.[76] Danach kann der Geschädigte nur dann eine Kapitalisierung verlangen, wenn ein so genannter "wichtiger Grund" geltend gemacht werden kann.[77] Vor Gericht wurde in der Vergangenheit zum Beispiel die Tatsache, dass der Schädiger sein Kapital verschleuderte (um der Zahlungspflicht zu entkommen), als ein solcher wichtiger Grund anerkannt. Es gibt eine Fülle weiterer Entscheidungen, in denen andere wichtige Gründe anerkannt wurden.

In der Praxis hat die Forderung nach einem wichtigen Grund dazu geführt, dass sich Geschädigte und Schädiger sehr häufig *außergerichtlich* über eine Kapitalisierung einigen.[78] Da außergerichtliche Einigungen selbständige Verträge darstellen und beide Seiten diese freiwillig eingehen, sind sie einer gerichtlichen Nachprüfung nicht

---

von der Schuldfrage. Das erspart einem (oft jahrelange) Streitereien, wer zu wie viel Prozent Schuld hatte.
75. Juristisch ist hier vom Schadensersatz die Rede, siehe § 11 Straßenverkehrsgesetz (StVG).
76. Bei Verkehrsunfällen ist dies eigentlich § 13 Straßenverkehrsgesetz, der aber auf § 843 BGB verweist.
77. " Statt der Rente kann der Verletzte eine Abfindung in Kapital verlangen, wenn ein wichtiger Grund vorliegt."
78. Eine außergerichtliche Einigung wird ja vom BGB nicht verboten. Das BGB erlaubt nur einer Seite nicht, die Kapitalisierung zu erzwingen.

ohne Weiteres zugänglich.

Die Ergebnisse solcher außergerichtlichen Vergleiche sind stark durch das Kräfteverhältnis der Kontrahenten geprägt. Hier muss man betonen, dass es sich regelmäßig um asymmetrische Situationen handelt. Während der Geschädigte in seinem Leben höchstens einmal um die Höhe der Einmalzahlung verhandeln muss (und die beteiligten Rechtsanwälte auch nicht immer Experten für Schadensrecht sind), agieren auf der anderen Seite Personen, die sich tagtäglich mit solchen Fragestellungen beschäftigen. Typischerweise ist das nicht die beste Ausgangsposition für ein Unfallopfer. Daher besteht Anlass zu der Vermutung, dass bei der Kapitalisierung von Personenschäden ein Ungleichgewicht, was die Lastenteilung angeht, bestehen könnte.

ZINSSATZ UND BUNDESBANK   Der anzuwendende Zinssatz stellt offensichtlich *das* zentrale Element bei einer Kapitalisierung dar. Je höher der Zins, desto geringer fällt der Einmalbetrag aus – und umgekehrt. Man darf daher vermuten, dass um die Höhe dieses Zinssatzes durchaus erbittert gestritten wird. Wir wollen uns in diesem Kapitel mit der Frage beschäftigen, auf Grund welcher Überlegungen und in welcher Höhe Gerichte bzw. die Vertragsparteien bei der außergerichtlichen Einigung diesen Zinssatz festlegen. Wir werden dabei der Einfachheit halber davon ausgehen, dass es sich bei der Rente um eine (sowohl hinsichtlich der Zeitdauer als auch der Höhe) sichere Zahlung handelt.

Sichere Zahlungen müssen mit Zinssätzen diskontiert werden, die sich aus sicheren Anlageformen ergeben. Insbesondere deutsche Staatsanleihen können als nahezu sichere Investitionen gelten. Solche Staatsanleihen existieren aber nicht für jede beliebige Laufzeit, vielmehr findet man nur wenige Zahlungszeitpunkte, für die sich die Zinssätze berechnen lassen. Wie sollen dann aber diejenigen Zahlungen diskontiert werden, denen keine Staatsanleihe mit identischem Zahlungszeitpunkt (und damit einem entsprechenden Zinssatz) zugeordnet werden kann?

Weil es sich hier um ein Problem von grundsätzlicher Bedeutung handelt, schätzt die Deutsche Bundesbank seit 1997 mit einem von Nelson und Siegel entworfenen und von Svensson verbesserten Modell (NSS-Modell) Zinssätze für alle Zeitpunkte von einem bis zu 30 Jahren.[79] Dazu werden sechs Parameter bestimmt, aus denen

---

79. Siehe Svensson, L. E. O. (1994), "Estimating and interpreting forward interest rates: Sweden 1992-1994", National Bureau of Economic Research Working Paper Series (4871). Mit diesem Modell arbeiten auch die Zentralbanken von Belgien, Kanada, Frankreich, Norwegen, Spanien, Schweden und den USA. Dabei werden börsentäglich sechs Parameter ($\beta_0, \beta_1, \beta_2, \beta_3, \tau_1$ und τ_2) publiziert, aus denen sich alle Kassazinssätze mit Hilfe der Gleichung

$$i_{0,t} = \beta_0 + \beta_1 \left(\frac{1 - e^{-\frac{t}{\tau_1}}}{\frac{t}{\tau_1}} \right) + \beta_2 \left(\frac{1 - e^{-\frac{t}{\tau_1}}}{\frac{t}{\tau_1}} - e^{-\frac{t}{\tau_1}} \right) + \beta_3 \left(\frac{1 - e^{-\frac{t}{\tau_2}}}{\frac{t}{\tau_2}} - e^{-\frac{t}{\tau_2}} \right)$$

berechnen lassen.

sich eine Zinsstrukturkurve für nahezu beliebige Laufzeiten ableiten lässt. Abbildung 24 veranschaulicht die Entwicklung der Kassazinssätze in Deutschland von 2008 bis Ende 2012 für ausgewählte Laufzeiten zwischen einem und 20 Jahren. Im oberen Teil der Abbildung findet man die Daten für den jeweils ersten Handelstag im August von 2008 bis 2011, im unteren Teil die entsprechenden Zahlen für die Handelswoche um den 1. August des Jahres 2012. Die

Abbildung 24: Entwicklung von Kassazinssätzen zwischen 2008 und 2012. Die Berechnungen erfolgten auf der Grundlage der Svensson-Parameter, die die Deutsche Bundesbank auf ihrer Internetseite börsentäglich zur Verfügung stellt (Zeitreihe BBK01.WZ9801ff.).

Datum	Laufzeit (in Jahren)				
	1	5	10	20	30
01.08.2008	4,42 %	4,27 %	4,49 %	4,81 %	4,73 %
03.08.2009	0,72 %	2,56 %	3,60 %	4,30 %	4,28 %
02.08.2010	0,53 %	1,80 %	2,93 %	3,58 %	3,53 %
01.08.2011	1,10 %	1,84 %	2,76 %	3,56 %	3,48 %
30.07.2012	−0,11 %	0,43 %	1,47 %	2,34 %	2,34 %
31.07.2012	−0,10 %	0,41 %	1,45 %	2,34 %	2,32 %
01.08.2012	−0,10 %	0,40 %	1,42 %	2,28 %	2,26 %
02.08.2012	−0,10 %	0,44 %	1,47 %	2,31 %	2,27 %
03.08.2012	−0,08 %	0,40 %	1,38 %	2,23 %	2,21 %

Zinssätze haben – ebenso wie Marktpreise – die Eigenschaft, dass sie sich regelmäßig ändern. Die Abbildung macht drei Tatsachen sehr deutlich:

1. Es ist klar zu erkennen, dass die deutschen Zinssätze im Verlauf der europäischen Finanz- und Schuldenkrise dramatisch gefallen sind. Ende 2012 befanden sie sich auf äußerst niedrigem Niveau. Davon sind insbesondere die Zinssätze für kurze Laufzeiten betroffen.

2. Zudem verlaufen Entwicklungen nicht immer so, dass die Zinssätze aller Laufzeiten in dieselbe Richtung gehen, also gemeinsam fallen oder steigen. Vielmehr beobachtet man mitunter, dass die Zinsen am kurzen Ende steigen, während sie am langen Ende sinken, oder umgekehrt.

3. Drittens und endlich ist es so, dass die Zinssätze während eines Börsenhandelstages buchstäblich nie zur Ruhe kommen. Die Bundesbank veröffentlicht ihre Schätzparameter allerdings immer nur einmal am Tag.

Der Zinssatz muss mit der Laufzeit übereinstimmen, die dem Zeithorizont der Rentenzahlungen entspricht. Dieser Grundsatz darf folgenlos nur dann vernachlässigt werden, wenn die Zinssätze für alle Zahlungszeitpunkte identisch sind (flache Zinskurve). In der Praxis ist das so gut wie nie der Fall. Das zeigen auch die Zahlen der

Abbildung 24 deutlich. Im Regelfall ist also die Annahme eines einheitlichen Zinssatzes, mit dem man alle Zahlungen diskontieren könnte, verfehlt.

Das Svensson-Verfahren besitzt einen Schönheitsfehler, wenn Kassazinssätze benötigt werden, die über einen Anlagezeitraum von 30 Jahren hinausgehen. Dies ist darauf zurückzuführen, dass die Bundesbank bei ihren Schätzungen nur auf Staatsanleihen zurückgreifen kann, deren Laufzeiten höchstens 30 Jahre betragen. Viele Wirtschaftsprüfer sprechen sich dafür aus, die Zinsstrukturkurve jenseits des Zeithorizontes von 30 Jahren einfach (flach) fortzuschreiben. Dafür gibt es gute Gründe, wenn auch keine ökonomische Theorie.

BGH ZUM ZINSSATZ   Wenn ein wichtiger Grund vorliegt, so hatten wir bereits bemerkt, darf der Verletzte den Schädiger zu einer Kapitalisierung einer Rente zwingen. Der BGH hat sich in diesem Zusammenhang auch über die Höhe des Zinssatzes geäußert. Das Urteil soll ausschnittsweise zitiert werden, um ein klares Bild zu erhalten:

> "Dem gedanklichen Modell, das dem Begriff des Kapitalwerts zugrunde liegt, würde es am ehesten entsprechen, wenn man von dem Kapitalmarktzins ausgehen würde, der im Zeitpunkt des Versicherungsfalls allgemein gezahlt wurde. Hiergegen bestehen jedoch nach Ansicht des Senats durchgreifende Bedenken. Es wäre ein befremdliches Ergebnis, wenn der Umfang der Deckungspflicht des Haftpflichtversicherers und damit in den meisten Fällen auch die Höhe der tatsächlichen Entschädigung des Unfallopfers von dem zufälligen Stand des Kapitalmarktzinses im Zeitpunkt des Unfalls abhängig wäre. Sachgerechter ist es demnach, wenn man einen langfristigen Durchschnittssatz wählt."[80]

Wir können dem ersten Satz im Urteil nur zustimmen; für den Ökonomen ist in der Tat der Kapitalmarktzins des Stichtages, an dem die Kapitalisierung erfolgt, zweckmäßig. Für den Ökonomen ist das Stichtagsprinzip deshalb so fundamental, weil es einem ökonomischen Kalkül folgt. Dazu vollführen wir ein Gedankenexperiment und nehmen an, der Geschädigte lasse sich die Kapitalisierung auszahlen, wolle aber damit die ihm eigentlich zustehenden Rentenzahlungen am Kapitalmarkt nachbilden. Damit der Geschädigte in Zukunft auch die vereinbarten Rentenzahlungen erhält, muss er die Sofortzahlung *an eben diesem Tag* am Kapitalmarkt anlegen oder geeignete festverzinsliche Wertpapiere erwerben. Jeder andere Tag könnte für ihn finanziell nachteilig sein oder birgt zumindest das Risiko, nicht die ursprünglich vereinbarte Rentenhöhe zu erzielen. Und deshalb dürfen für die Diskontierung nur jene Kassazinssätze verwendet werden, die am Stichtag gelten.

Wer dagegen Zinssätze benutzt, die an anderen Tagen zu beobachten sind, oder wer gar Durchschnitts- oder Vergangenheitswerte ansetzt, folgt keinem ökonomi-

---

80. BGH, Urteil vom 22.1.1986, IV a ZR 65/84, Frankfurt/M., abgedr. in VersR 86, 392.

schen Prinzip. Ein solches Verhalten ist mit der Grundidee der Diskontierung selbst nicht vereinbar: Wer nicht mit aktuellen Zinssätzen rechnen will, darf überhaupt nicht diskontieren.

Noch weniger nachvollziehbar sind dann aber die Überlegungen, die das Gericht dazu verleitet, von diesem klaren Grundsatz abzugehen. Offensichtlich glaubt der BGH nicht, dass die tagesaktuellen Zinsen das "wahre Bild der Marktverhältnisse" wiedergeben. Eine solche Sichtweise wäre dann nachzuvollziehen, wenn wir folgendes beobachten würden:

1. Die Kapitalmarktzinsen schwanken so stark, dass sie schlichtweg nicht pro Tag ermittelt werden können. Wenn beispielsweise ein Zinssatz morgens 1%, mittags 12% und abends 3% beträgt, so hinge der Zinssatz von der Tageszeit der Ermittlung ab und wäre für die Diskontierung unbrauchbar. Aber Zinssätze schwanken niemals so stark. Die Schwankungsbreite eines Tages ist vielmehr so gering, dass sie praktisch keine Auswirkungen auf die Kapitalisierungshöhe ausüben.

2. Der Kapitalmarktzins könnte verzerrt sein und nicht die wirklichen Verhältnisse wiedergeben. Eine solche Verzerrung liegt beispielsweise dann vor, wenn Marktteilnehmer den Zinssatz manipulieren können oder die Märkte so dünn sind, dass die sich einstellenden Zinssätze eher Zufallsergebnisse darstellen.

   Wir sprechen hier aber von Staatsanleihen. Gerade diese Märkte sind noch um ein Vielfaches größer als die ohnehin schon großen Aktienmärkte, und keiner der handelnden Marktteilnehmer besitzt die Marktmacht, Anleihemärkte manipulieren zu können. Die Kapitalmarktzinsen sind nicht verzerrt.

Vor diesem Hintergrund können wir das Urteil des BGH nur mit Ratlosigkeit zur Kenntnis nehmen. Wählt man statt des tagesaktuellen Zinssatzes einen Durchschnittszins, so ergibt sich ökonomisch kein sinnvolles Ergebnis. Es gibt keinen Grund, sich Durchschnittszinsen zu bedienen, sie führen zudem zu einem ökonomisch unsinnigen Ergebnis bei einer Kapitalisierung.

ZINSSATZ IM AUSSERGERICHTLICHEN VERGLEICH Wir haben uns bisher mit der Frage beschäftigt, wie der BGH die Diskontierungssätze bei einer Kapitalisierung festlegt. Woran orientieren sich nun Vertragsparteien, wenn sie sich außergerichtlich einigen? Könnte es sein, dass hier mehr ökonomischer Sachverstand gegeben ist? Leider ist eher das Gegenteil der Fall. Bei Vergleichen scheint es üblich zu sein, sich unabhängig vom gegenwärtigen Zinsniveau eines starren Diskontierungssatzes von 5% zu bedienen. Quelle für diesen Wert ist vermutlich das Handbuch von Küppersbusch, der seit Jahren folgende Überzeugung vertritt: "In der Praxis der außergerichtlichen, frei zu vereinbarenden Kapitalabfindung ist – unabhängig von den jeweils erzielbaren Kapitalmarktzinsen – ein Zinssatz von 5 % üblich und angemessen."[81]

Dass ein Zinssatz von 5% üblich sei, haben wir zur Kenntnis zu nehmen.[82] Dass dieser Vorschlag aber angemessen sein soll, ist aus ökonomischer Perspektive inakzeptabel. Um dieses Urteil zu begründen, analysieren wir ein konkretes Beispiel. Dazu nehmen wir an, dass sich beide Parteien über eine Sofortzahlung einigen. Am Tag der Einigung soll auch die Zahlung der Kapitalisierungssumme erfolgen.

Ein Geschädigter soll für die nächsten 30 Jahre gleich bleibend jeweils 10.000 € erhalten. Man errechnet schnell, was passiert, wenn sich beide Seiten auf einen Kapitalisierungszins von 5 % einigen. Die Abfindung beträgt

$$\frac{10.000}{1+5\%} + \frac{10.000}{(1+5\%)^2} + \ldots + \frac{10.000}{(1+5\%)^{30}} \approx 153.700$$

Im vorigen Abschnitt haben wir gezeigt, dass nicht ein fester, gegriffener Zinssatz, sondern die tagesaktuellen Kassazinssätze zu verwenden sind. In Phasen mit extrem niedrigen Zinsen stellt sich ein gänzlich anderes Ergebnis ein. Dazu nutzen wir beispielhaft die Kassazinssätze des 27. September 2012 aus der Zeit der Euro-Krise, siehe Abbildung 25. Mit diesen Zinssätzen berechnet man nun aber einen völlig anderen Betrag, nämlich

$$\frac{10.000}{1-0,4\%} + \frac{10.000}{(1+0,01\%)^2} + \ldots + \frac{10.000}{(1+2,33\%)^{30}} \approx 260.600$$

Das sind über 100.000 € mehr als bei Verwendung des ökonomisch unbegründeten Diskontierungssatzes von 5 %! Setzt man die Abfindung, welche sich bei Verwendung von 5 % ergibt, ins Verhältnis zu der ihm bei Verwendung der tagesaktuellen Zinssätze zustehenden Betrag, erkennt man, dass der Geschädigte eine finanzielle Einbuße von 41 % hinzunehmen hätte. Was daran angemessen sein soll, bleibt das Geheimnis Küppersbuschs. Jedenfalls ist vollkommen inakzeptabel, dem Unfallopfer fast die Hälfte des Abfindungsbetrages vorzuenthalten, den er in die Hand bekommen müsste, um damit durch Anlage am Kapitalmarkt jene Rente generieren zu können, die ihm unstreitig zusteht.

In einer Fußnote kritisiert Küppersbusch den Vorschlag, mit tagesaktuellen Kassazinssätzen zu rechnen. Er schreibt, es sprächen "mathematische, statistische und prak-

---

81. Gerhard Küppersbusch, *Ersatzansprüche bei Personenschaden*, 10. völlig neubearbeitete Auflage 2010, C.H.Beck München, Tz. 869. Küppersbusch war jahrelang der Leiter der Schadensabteilung bei der Allianz Versicherung.

82. Nur wenige haben in der Vergangenheit versucht, auf die Unzulänglichkeit eines vom aktuellen Zinsniveau unabhängigen Kapitalisierungszinses hinzuweisen, so beispielsweise Schah Sedi, Michel und Cordula Schah Sedi (2008), "Abfindung oder Rente beim Personenschaden? – aus Anwaltssicht", Zeitschrift für Schadensrecht (25), 183-187 oder Nehls, Jürgen (2005) "Der Abfindungsvergleich beim Personenschaden", Straßenverkehrsrecht (5), 161-168. Die Argumente scheinen aber keinerlei Gehör gefunden zu haben.

Abbildung 25: Bundesbankzinssätze vom 27. September 2012 mit Laufzeiten von 1 bis 30 Jahren. Quelle: Webseite der Bundesbank, Zeitreihe BBK01.WT3201 ("Zinsstrukturkurve, Parameter Beta (Svensson-Methode), Börsennotierte Bundeswertpapiere, Tageswerte").

Laufzeit	Zins	Laufzeit	Zins	Laufzeit	Zins
1	-0,04%	11	1,70%	21	2,43%
2	0,01%	12	1,85%	22	2,43%
3	0,14%	13	1,97%	23	2,44%
4	0,31%	14	2,08%	24	2,43%
5	0,52%	15	2,17%	25	2,42%
6	0,74%	16	2,24%	26	2,41%
7	0,95%	17	2,30%	27	2,39%
8	1,16%	18	2,35%	28	2,37%
9	1,36%	19	2,39%	29	2,35%
10	1,54%	20	2,41%	30	2,33%

tische Schwierigkeiten" dagegen.[83] Das ist – unmissverständlich formuliert – Unsinn: Mathematisch ist die Berechnung trivial, da sie jeder finanzwirtschaftliche Anfänger beherrscht. Die statistisch notwendigen Daten sind alle auf dem Internet verfügbar. Und da jeder die Berechnungen mit einem Tabellenkalkulationsprogramm wie EXCEL leicht nachvollziehen kann, ist die Verwendung tagesaktueller Zinssätze auch absolut praktikabel.

5.2 Ein kurzer Einblick in die Forstökonomie

Lernziel: Wie lange soll man bis zur Fällung eines Baumes warten?

Im letzten Abschnitt wollen wir uns mit Elementen der Forstökonomie auseinandersetzen. Es gibt drei Gründe, warum die Untersuchung von Wäldern in ideales Anwendungsgebiet für unsere finanzwirtschaftlichen Untersuchungen darstellt:

– Wälder sind eine der ältesten verlässlichen Anlageformen. Im Mittelalter waren die Möglichkeiten, große Geldbeträge anzulegen und damit über mehrere Generationen zu sichern, viel eingeschränkter als heute. Aktienmärkte existierten nicht, Staatsanleihen waren häufig vom Bankrott bedroht und Gebäude (Grundstücke) wurden nicht selten von Bränden heimgesucht.[84]

---

83. Fußnote 34 zu Küppersbusch, a.a.O. (Tz. 869).
84. So haben beispielsweise die Fugger ihre 1521 in Augsburg gegründete Fuggerei, die erste Sozialsiedlung der Welt (siehe Wikipedia), mit einem Stiftungskapital aus Wäldern ausgestattet. Dieses Kapital ermöglichte es, dass bis heute (!) verarmte Augsburger praktisch kostenlos in der Fuggerei wohnen dürfen. Die Fuggerfamilie selbst hat den größten Teil ihres Privatvermögens Ende des 16. Jahrhunderts durch drei große Staatsbankrotte der Spanischen Krone verloren.

– Wer einmal Unternehmen bewertet hat, weiß wie schwierig es ist, Aussagen über die zukünftige Entwicklung zu formulieren. Technologien ändern sich beständig, neue Produkte kommen auf den Markt, die Arbeitsproduktivität unterliegt einem pausenlosen Wandel. Bei einem Wald dagegen spielt die Wachstumskurve der Bäume (also die Geschwindigkeit, mit der sie an Volumen zunehmen) die entscheidende Rolle. Und trotz technologischem Fortschritts und moderner Landwirtschaft hat sich diese Wachstumskurve die letzten Jahrzehnte praktisch nicht geändert. Bäume wachsen heute genau so schnell oder langsam wie vor Tausenden von Jahren. Wälder sind also eines der wenigen, wenn nicht vielleicht sogar das einzige Beispiel einer Industrie, für die die oft unterstellte Annahme einer technologischen Konstanz wirklich zutrifft. Die Methoden, die wir bisher in unserer Vorlesung entwickelt haben, eignen sich damit ideal zur Untersuchung von Wäldern.

– Zudem sollte man nicht unterschätzen, welche starke emotionale Bindung von Wäldern ausgeht. Wenn wir uns erholen wollen, gehen wir im Wald spazieren. Wir messen die Lebensqualität einer Stadt daran, ob sie eine "grüne Lunge" hat, ob sich dort ausgedehnte Parks und Wälder finden. Jede Stadt in Deutschland besitzt umfangreiche Baumschutzverordnungen, die ein Fällen von Bäumen nur unter sehr restriktiven Bedingungen zulässt. Wälder gehören zu unserem Alltag.[85]

Wir werden hier nur ein Schlaglicht auf Fragen der Forstökonomie werfen und wollen uns daher auf die Frage konzentrieren, wann man idealerweise einen Baum fällen sollte. Dazu müssen wir uns klarmachen, dass ein Baum ist erster Linie ein Lieferant frischen Holzes ist, dessen Wert der Besitzer des Waldstückes maximieren möchte. Gleichzeitig wird nach der Fällung das verwaiste Grundstück neu bepflanzt, so dass wir es im Grunde mit einem Problem einer ewigen Rente zu tun haben.

Um der Frage etwas näher zu kommen, unterstellen wir die folgenden Annahmen:

---

85. Wälder sind auch lustig. Zuletzt musste dies ein Polizeibeamter erfahren, der Autofahrer kontrollieren wollte und von einem Passanten mit den Worten "Herr Oberförster, zum Wald geht es da lang!" bedacht wurde. Der Beamte zeigte den Passanten wegen Beleidigung an – aber der Amtsrichter entschied, dass diese hier nicht vorlag. Aus der Urteilsbegründung: " ... [so] wird ein verständiger Dritter die inkriminierende Äußerung auch nicht wegen des Zusatzes 'Ober' als beleidigend empfinden, ebenso wenig wie sich ein verständiger Revierförster durch die Bezeichnung als 'Oberkommissar' in seinem Ehrgefühl gekränkt sehen würde... Leider hat die Staatsanwaltschaft versäumt dem Gericht mitzuteilen, inwiefern die Bezugnahme auf den Wald bzw. die Richtung, in der dieser gelegen sei, der ... Äußerung ehrverletzenden Charakter sollte verleihen können. Es mag sein, dass sich nach einer kleinen Weile des Nachdenkens und Assoziierens mit dem Begriff Wald oder Holz Bezeichnungen oder Ausdrücke finden ließen, die, hätte der Angeschuldigte sie gebraucht, gewiss dem Tatbestand der Beleidigung unterfielen, indessen hat er dies nicht getan... Die Staatsanwaltschaft jedenfalls sollte einen solchen Schmarrn nicht anklagen." Geschäftszeichen (412 Ds) 2 JU Js 186/08 (74/08) Jug vom 26.05.2008.

1. Der Preis des Holzes sei ewig hinweg konstant. Natürlich ist diese Annahme eine grobe Idealisierung der Wirklichkeit, da Holz (wie alle Rohstoffe) einen Weltmarktpreis besitzt, der starken Schwankungen ausgesetzt ist. Es ist uns allerdings in dieser Veranstaltung nicht möglich, auf die damit verbundenen Schwierigkeiten einzugehen.

   Wenn der Holzpreis konstant ist, vereinfacht sich das ökonomische Problem etwas. Statt einer Maximierung der aus dem Waldstück erzielbaren Holzwerte kann man genau so gut die Holzvolumina maximieren und damit implizit unterstellen, dass der Holzpreis genau Eins beträgt.

2. Wir betrachten nur ein Waldstück, auf dem genau ein Baum angepflanzt werden kann. Dies ist sinnvoll, weil uns nur die ideale Wachstumsdauer dieses Baumes interessiert.

3. Einen neuen Baum anzupflanzen wird Kosten verursachen. Wir gehen davon aus, dass diese Kosten heute und in der Zukunft genau L betragen.

4. Ein Baum wächst. Wir hatten bereits angemerkt, dass eine der Stärken der Forstökonomie darin besteht, hier eine Konstanz der Wachstumsfunktion anzunehmen. Das Holzvolumen eines Baumes entwickle sich innerhalb von t Jahren entsprechend der Funktion $f(t)$.

5. Der (jährliche) Zinssatz sei konstant und betrage i.

Aufgrund der von uns unterstellten Annahmen können wir nun die Frage, wann es zweckmäßig ist einen Baum zu fällen, mit Hilfe der üblichen mathematischen Methoden beantworten. Zuerst müssen wir die Fragestellung formal präzise notieren. Dazu machen wir uns klar, wie das genaue Investitionsproblem gestaltet ist. Wir besitzen ein leeres Waldgrundstück, auf dem wir in $t = 0$ einen Baum pflanzen und dafür L zahlen. Nach Ablauf von T Jahren wird dieser Baum gefällt (man spricht an der Stelle auch von der "Umtriebszeit") und liefert uns $f(T)$ Holz zum Preis von 1. Gleichzeitig entstehen erneut Kosten in Höhe von L, da wir das Waldgrundstück nicht brach liegen lassen wollen.

Abbildung 26: Zahlungen und Zahlungszeitpunkte bei einer Umtriebszeit von T.

Zeit t	CF_t
0	$-L$
$1, \ldots, T-1$	0
T	$f(T) - L$
$T+1, \ldots, 2T-1$	0
$2T$	$f(T) - L$
$\ldots$	0

T Perioden später beginnt dieses Spiel erneut: Wieder entstehen Pflanzungskosten in Höhe von L und wieder kann Holz im Umfang von $f(T)$ (die Wachstumsphase dauerte von $t = T$ bis $t = 2T$) verwertet werden. Insgesamt ergibt sich damit ein Zahlungsstrom, wie er in der Abbildung 26 zu sehen ist. Der Wert dieses Zahlungsstromes ergibt sich, indem wir die Zahlungen mit den entsprechenden Diskontierungsfaktoren versehen, also

$$\text{(ewiger) Holzwert} = -L + \frac{-L+f(T)}{(1+i)^T} + \frac{-L+f(T)}{(1+i)^{2T}} + \dots \tag{15}$$

$$= -L + \sum_{k=1}^{\infty} \frac{-L+f(T)}{(1+i)^{kT}}$$

$$= -L + \left(-L+f(T)\right) \sum_{k=1}^{\infty} \frac{1}{\left((1+i)^T\right)^k}$$

$$= -L + \frac{-L+f(T)}{(1+i)^T - 1}$$

wobei der letzte Schritt folgt, wenn wir die Summengleichung für eine geometrische Folge ausnutzen. Wir suchen nun diejenige Zeitperiode T, bei der dieser Ausdruck maximal wird.

Definition 5.1 (Umtriebszeit). *Die* Umtriebszeit eines Baumes *ist diejenige Zeitperiode T, für die der Ausdruck*

$$-L + \frac{-L+f(T)}{(1+i)^T - 1}$$

maximal wird.

Eine solche Aufgabe löst man durch Ableitung nach der Zeit. Wir setzen die erste Ableitung gleich Null und lösen nach T auf. Dabei ergibt sich folgende Rechnung:

$$0 = \frac{f'(T)\left((1+i)^T - 1\right) - (-L+f(T))(1+i)^T \ln(1+i)}{\left((1+i)^T - 1\right)^2}$$

$$\implies f'(T) = \frac{\ln(1+i)}{1 - (1+i)^{-T}}\left(f(T) - L\right) \tag{16}$$

Die Gleichung (16) beschreibt implizit die optimale Umtriebszeit T.

Beispiel 5.1: Wir unterstellen beispielhaft, dass das Volumen eines Baumes (beginnend bei Null) mit der Zeit t folgendes Wachstum aufweist:[86]

---

86. Es handelt sich hier um die Wachstumsgeschwindigkeit (der Fachbegriff heißt hier "Abtriebswert") einer Douglasie; ein ursprünglich nordamerikanischer Baum, der inzwischen in Europa heimisch ist. Siehe Huntley, Ian: *Forest Management*, in: Huntley/James (Eds): *Mathematical Modelling*, Oxford 1990, Oxford University Press. Die Funktion verläuft linear, wie auf der nächsten Grafik erkennbar ist (nächste Seite).

$$f(t) = 13.26 \cdot t - 451.8. \tag{17}$$

Abbildung 27: Umtriebszeit (bei Pflanzkosten in Höhe von $L = 1$) in Abhängigkeit vom Zinssatz i.

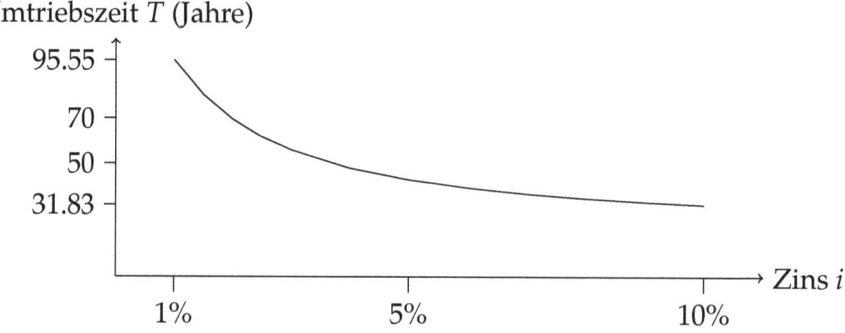

Es ergeben sich mit numerischen Verfahren (Excel: Zielwertsuche) die konkreten Umtriebszeiten in Abhängigkeit vom Zinssatz i wie in Abbildung 27, wenn $L = 1$ gesetzt wird. Gehen wir von einem Zinsniveau von etwa 3% aus, so sollten beispielsweise nach ca. 62,7 Jahren die Fällung erfolgen. ∎

Zuletzt wollen wir die Frage beantworten, welchen Wert ein Waldstück besitzt, auf dem ein Baum angepflanzt werden kann. Hierzu müssen wir nur die optimale Umtriebszeit T in die NPV-Gleichung einsetzen. Da T nur auf numerischem Wege erhalten werden kann, wird es hier keine geschlossene Gleichung für den Bodenwert geben. Wir müssen uns mit der graphischen Darstellung in Abbildung 28 begnügen. Aus der Grafik ist deutlich erkennbar, dass der Waldwert sehr sensibel auf niedrige Zinssätze reagiert. Bei einem Zinssatz von 1% beträgt der Wert etwa 550 €, während er schon bei einem Zinssatz von 2% auf 158 €, also auf fast ein Viertel des Ausgangswertes, sinkt.

Unter Forstwirten sind die hier berechneten niedrigen Umtriebszeiten bis heute sehr umstritten. Man ist der Meinung, dass die Berechnungen zu niedrige Umtriebszeiten hervorbringen. Daher ist es sinnvoll, Erweiterungen des Modells von Faustmann in Betracht zu ziehen. Eine Möglichkeit besteht darin, Preissteigerungen für

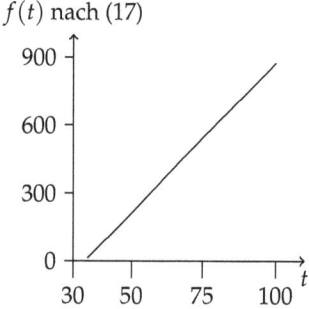

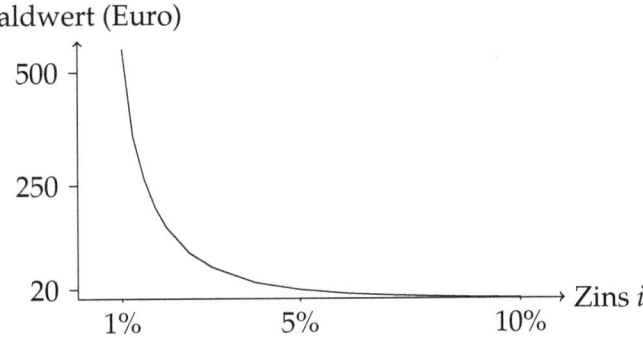

Abbildung 28: Wert eines Waldgrundstückes (Pflanzkosten in Höhe von $L = 1$) in Abhängigkeit vom Zinssatz i.

Pflanzkosten und Holz zu berücksichtigen. Eine andere Erweiterung besteht darin, Steuern in das Modell einzubeziehen. Wir wollen uns jetzt mit dem Einfluss einer Besteuerung auf die Umtriebszeit auseinander setzen.

Unterstellen wir eine Besteuerung von Wäldern, wie sie in Deutschland üblich ist, so sind einige Besonderheiten zu beachten.[87] So unterliegen Wälder (der Fiskus spricht vom "stehenden Holz") keiner Abschreibung. Steuern fallen vielmehr erst an, wenn das Holz geschlagen und verkauft wurde. Die Pflanzkosten, die wir mit L angesetzt hatten, sind abzugsfähig. Was folgt daraus für die optimale Umtriebszeit?

Zuerst verändert sich die Gleichung für den ewigen Holzwert (15), wenn wir den Kapitalwert bei Ertragsteuern (Definition 2.6 auf S. 24) unterstellen, wie folgt:

$$\text{(ewiger) Holzwert}^\tau = -L + \frac{(-L + f(T))(1 - \tau)}{(1 + i(1 - \tau))^T} + \frac{(-L + f(T))(1 - \tau)}{(1 + i(1 - \tau))^{2T}} + \dots \quad (18)$$

Diese Gleichung lässt sich wie oben zu folgendem Ausdruck vereinfachen:

$$\begin{aligned}
\text{(ewiger) Holzwert}^s &= -L + \sum_{k=1}^{\infty} \frac{(-L + f(T))(1 - \tau)}{(1 + i(1 - \tau))^{kT}} \\
&= -L + \big(-L + f(T)\big)(1 - \tau) \sum_{k=1}^{\infty} \frac{1}{\big((1 + i(1 - \tau))^T\big)^k} \\
&= -L + (1 - \tau)\frac{-L + f(T)}{(1 + i(1 - \tau))^T - 1}
\end{aligned}$$

Wir könnten nun diesen Ausdruck wieder nach der Umtriebszeit ableiten und Null setzen. Es gibt aber einen einfacheren Weg, sich die Wirkung der Einkommensteuer zu verdeutlichen. Dazu müssen wir uns nur klarmachen, dass der Summand L

87. Die Regeln zur Besteuerung von Einkünften aus Land- und Forstwirtschaft sind überraschend umfangreich und kompliziert. Allein der Kommentar von Märkle/Hiller (*Die Einkommensteuer bei Land- und Forstwirten*, Richard Boorberg Verlag Stuttgart), der sich ausschließlich mit dieser Einkunftsart befasst, umfasst weit über 700 (!) Seiten.

sowie der Faktor $(1 - \tau)$ nicht von der Umtriebszeit abhängen. Bei der Berechnung des höchstmöglichen ewigen Holzwertes kürzen sich also beide Elemente heraus.[88] Daher ergibt sich die optimale Umtriebszeit auch, wenn wir nur den Ausdruck

$$\frac{-L + f(T)}{(1 + i(1 - \tau))^T - 1}$$

maximieren.

Um diese Maximierungsaufgabe zu lösen, müssen wir uns nur klarmachen, worin der Unterschied dieses Terms mit dem Ausdruck aus Definition 5.1 besteht. Beide weisen einen identischen Zähler auf, nur im Nenner finden wir statt des Zinssatzes i den versteuerten Zinssatz $i(1 - \tau)$. Daraus ergibt sich aber sofort folgende Behauptung.

Satz 5.2 (Umtriebszeit mit Steuern). *Es gebe eine Ertragsteuer mit Tarif τ. Die optimale Umtriebszeit ergibt sich weiterhin aus Gleichung (16), wobei aber statt des Zinssatzes i der versteuerte Zinssatz $i(1 - \tau)$ zu verwenden ist.*

Weder die Pflanzkosten L noch die Funktion $f(\cdot)$ sind zu modifizieren.

Um also den Effekt einer Ertragsteuer zu illustrieren, müssen wir nur noch die Abbildung 27 betrachten. Im Fall einer Besteuerung haben wir diejenige Umtriebszeit zu wählen, die sich aus dem *versteuerten* Zinssatz ergibt. Dieser liegt immer links vom Nominalzinssatz i. Damit ist offensichtlich, dass eine Besteuerung die Umtriebszeit (zum Teil beträchtlich) erhöht.

Das Ergebnis ist insofern etwas überraschend, weil die Ertragsbesteuerung nur über den Zinssatz und weder über die Holzerträge noch die Pflanzkosten wirkt. Zum Abschluss wollen wir veranschaulichen, weshalb es zu diesem Effekt kommt.

Dazu betrachten wir erneut die Ausgangsgleichung des ewigen Holzwertes (18). Dort fanden wir den Steuertarif sowohl im Zähler als auch im Nenner. Jedoch ist die Wirkung dieses Steuersatzes in beiden Termen unterschiedlich:

Im Zähler wirkt der Steuertarif linear. Das muss so sein, weil wir explizit vorausgesetzt hatten, dass der Steuertarif konstant ist.

Im Nenner wirkt der Steuersatz auf den Zinssatz auch linear, wir finden dort den Ausdruck $i(1 - \tau)$. Der Zinssatz selbst entfaltet aber durch den Abzinsungseffekt eine nichtlineare Wirkung.

Wenn man nun die optimale Umtriebszeit bestimmen will, spielen lineare Effekte keine Rolle.[89] Nur nichtlineare Effekte beeinflussen die optimale Umtriebszeit und der einzige nichtlineare Effekt, den wir antreffen, entsteht im Zinssatz.

---

88. Wer es nachrechnen möchte: L verschwindet bei der ersten Ableitung; der Faktor $(1 - \tau)$ kürzt sich, wenn wir die erste Ableitung des ewigen Holzwertes nach T gleich Null setzen.
89. Lineare Effekt kürzen sich heraus, weil es keinen Unterschied macht, ob wir die Maxima $\max_x f(x)$ oder $\max_x C \cdot f(x)$ für festes C bestimmen.